MOH材料
路面施工控制及压实工艺

张翠红◎著

中国石化出版社

内 容 提 要

本书对复合有机水硬性混凝土(MOH 材料)的应用现状、施工控制、压实理论及压实工艺等方面的发展概况进行了介绍，重点分析了关键施工控制参数对该材料压实特性的影响和材料路用性能，基于压实机理和最小耗能原理推导了路面压实密实度与压实工艺参数的匹配模型，进一步建立材料压实黏弹塑性本构模型，并通过压实工艺参数仿真分析和路面压实试验确定出了一定成型厚度材料达到目标密实度所需的最佳压实工艺参数组合，为材料精准压实工艺的制定提供了较可靠的理论和试验依据。

本书可作为公路工程专业研究生和本科生拓展教学用书，也可作为道路工程科学研究人员和工程技术人员的参考资料。

图书在版编目(CIP)数据

MOH材料路面施工控制及压实工艺 / 张翠红著．
—北京：中国石化出版社，2021.12
ISBN 978-7-5114-6507-8

Ⅰ.①M… Ⅱ.①张… Ⅲ.①路面施工 Ⅳ.
①U416.2

中国版本图书馆 CIP 数据核字（2021）第 260037 号

中国石化出版社出版发行
地址：北京市东城区安定门外大街 58 号
邮编：100011 电话：(010)57512500
发行部电话：(010)57512575
http://www.sinopec-press.com
E-mail:press@sinopec.com
北京艾普海德印刷有限公司印刷
全国各地新华书店经销
*
710×1000 毫米 16 开本 10 印张 164 千字
2021 年 12 月第 1 版 2021 年 12 月第 1 次印刷
定价：50.00 元

前　言

PREFACE

常温半柔性路面材料是以乳化沥青和水泥为结合材料的复合有机水硬性混凝土(Multiplex Organic Hydraulicity Material)，简称MOH材料。针对目前该材料路面缺乏有效的压实施工理论依据，拟从材料压实机理出发，综合采用实验测试、非线性分析、数值仿真分析等方法，开展该材料路面的施工控制参数、路用性能、压实功及匹配性路面压实工艺等方面的研究。首先，基于强度形成机理和室内试验法研究拌和、摊铺和压实过程中关键施工控制参数对压实特性的影响规律，获得与材料最佳压实特性相应的拌和参数、摊铺初始密实度、压实时机、压实临界密实度等最优控制参数值。其次，基于最小耗能原理和功能等效原理，结合万能试验机压缩试验力学响应曲线，推导出室内和路面有效压实功的计算模型，进一步通过室内和路面有效压实功的等效构建出路面密实度与压实工艺参数的匹配模型；基于材料压实黏弹塑性变形规律构建出该材料的压实过程B-P本构模型；对由匹配模型推导出的六组压实工艺参数组合进行有限元分析求解，得出材料密实度在临界密实度范围内的三个工艺参数组合。最后，通过路面压实试验证明了密实度与压实工艺参数匹配模型的合理性，反映了拌和参数、摊铺初始密实度、压实时机、压实临界密实度等施工控制参数的合理性。结合路面试验压实特性数据对匹配规律模型进行了修正，为材料精准压实工艺的制定提供了更可靠的理论依据。

研究结果表明，MOH 材料施工控制参数以及路面密实度与压实工艺参数匹配模型的提出可为半柔性路面施工工艺参数和设备参数的确定提供理论依据。由材料压实 B-P 本构模型参数变化规律得出：压实过程中材料的黏性增强，塑性和黏塑性应变率逐渐减小。该变化规律从物理本构关系层面揭示了材料的压实黏弹塑性变形机理，为下一步进行压实工艺参数组合的仿真研究奠定了理论基础。有限元仿真分析结合路面压实试验得到如下结论：材料复压初期宜采用低频高幅高速的方式进行压实，复压后期宜采用高频低幅的方式压实。

本书相关研究成果可为 MOH 材料路面压实工艺参数的确定和压实施工技术方案的设计提供指导和技术保障，有效保障该材料路面的施工质量。相关成果可大力促进 MOH 材料半柔性路面在我国高寒地区、各等级公路的应用，提高半柔性路面的施工技术水平，亦可为其他材料压实施工工艺的确定方法提供借鉴。

感谢公路养护装备国家工程实验室(由长安大学和河南高远公路养护设备有限公司共建)提供的试验设备、试验工作人员和其他相关试验条件，感谢长安大学曹学鹏副教授对本书提出的宝贵意见，感谢在本研究中做了大量试验分析工作的原长安大学研究生付耀、徐世林、齐彦秋、王浩杰等，在此表示诚挚的谢意。感谢西安石油大学优秀学术著作出版基金项目、西安石油大学博士助推项目计划(0104-134010034)、道路施工技术与装备教育部重点实验室(长安大学)开放基金项目(300102250501)和陕西省自然科学基础研究计划项目(2020JQ-786)对本书出版的资助。

由于作者水平有限，且本书研究专题涉及机械和路面材料等学科的交叉和融合，理论性较强，涉及的概念、公式、符号和图表繁多，书中错误、疏漏与不妥之处在所难免，敬请各位读者批评指正。

目　录

CONTENTS

1 绪　论

1.1 MOH 材料路面

1.1.1 MOH 材料路面的优良性能

根据《国家公路网规划(2013—2030 年)》的长期规划，到 2030 年末，国家公路网新增高速公路约 3.3 万 km，高原寒冷西部地区占其中的 80%~90%；国网普通公路新增 11 万 km，高原寒冷西部地区占其中的 60%~70%，国家的公路建设重心已由中东部转移到西部地区，西部地区海拔高、低温时间长、温差大，给公路建设与养护带来极大挑战，主要表现在：

(1) 路面早期损坏严重。因高寒气候特点，路面常出现早期开裂、坑槽、疲劳等病害[1]见图 1-1。

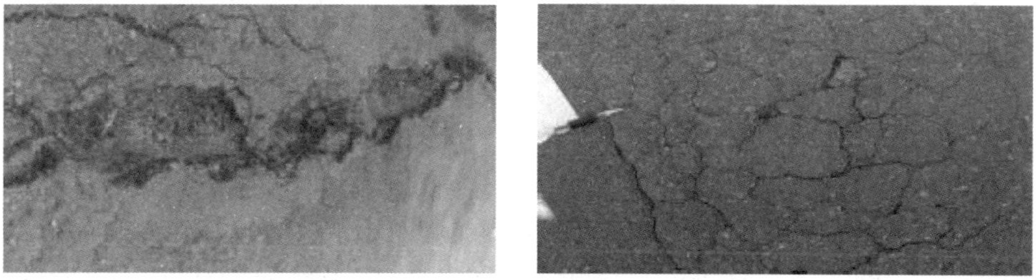

图 1-1　青藏公路老化及裂缝典型病害

(2) 施工难度大。在热拌沥青混凝土路面施工中，材料在运输、摊铺、压实过程中受到高寒气候的影响，极易发生温度离析以及压实度不均匀，施工质量难以保证。

(3) 高能耗、高污染。热拌沥青混凝土路面施工高度依赖拌和站及一系列大型设备，其中沥青、石料加热中耗费大量能源，燃烧排放及热沥青释放的有害烟气对环境造成严重污染见图 1-2。一台年产 30 万 t 沥青混合料的 4000 型沥青拌和设备，一年大约要消耗1800t柴油，而同时产生5747t CO_2，已成为沥青工业中能耗最大、排放最多的设备。热拌沥青混凝土路面施工存在高能耗、高污染、高成本及配套设备多等问题。

(a)热沥青拌合站

(b)热沥青路面铺筑现场

图1-2　传统热拌和沥青环境污染

针对现有热拌沥青混凝土在高寒地区应用存在的问题，半柔性路面材料成为高寒地区公路建养研究的新方向。半柔性路面材料按施工方式分为灌入式和拌和式两类，由于灌入式半柔性路面工艺复杂[2]，是热拌热铺和冷法灌入施工的叠合，施工质量难以控制，目前无法实现大面积推广使用；而拌和式半柔性路面材料在近十年来，得益于乳化沥青技术的进步而取得了突破性的进展，得到了世界各国公路方面专家的高度关注，并且广泛应用于微表处、机场道面、车辙修复、桥面铺装、白改黑路面等[3]。

MOH半柔性路面材料是一种以乳化沥青、水泥为结合材料的复合有机水硬性混凝土(简称MOH材料)，具有刚柔相济的特性，因其材料模量高于柔性的沥青混凝土，因此称半柔性材料。该材料有许多其他材料所不具备的优良特性。

(1) 材料中的乳化沥青使其表现出水相物质特征，可以在常温条件下拌制[4]，良好的和易性使材料加工、小机具碾压、薄层及其横向不等厚摊铺等方面突显出工艺优势，这种工艺优势甚至铸就了拌和摊铺一体化、集装化的条件。

(2) 在材料中，乳化沥青携带的水分成为水泥水化反应的条件，水泥水化而衍生的胶凝物质彼此链接，见图1-3(a)，与沥青形成微观立体网状的次生结构，见图1-3(b)，沥青的自由度受到约束，因而这种路面材料表现出优良的蠕变性能，较好的温缩和干缩性能，使得其适合在高寒地区施工。

(3) 有机和水硬性材料的双重属性使材料具有适宜的强度和弹性模量、良好的耐久性[5]，且与水泥路面、沥青混凝土路面均有良好的黏附性。

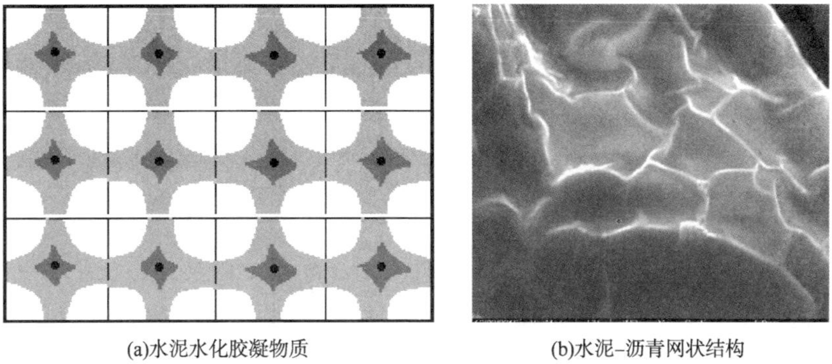

图 1-3 水泥-沥青形成的立体网状示意图

（4）材料加工生产、工程施工的技术难度大幅度降低，不依靠大型装备群，同时将实现低消耗、低污染见图 1-4。

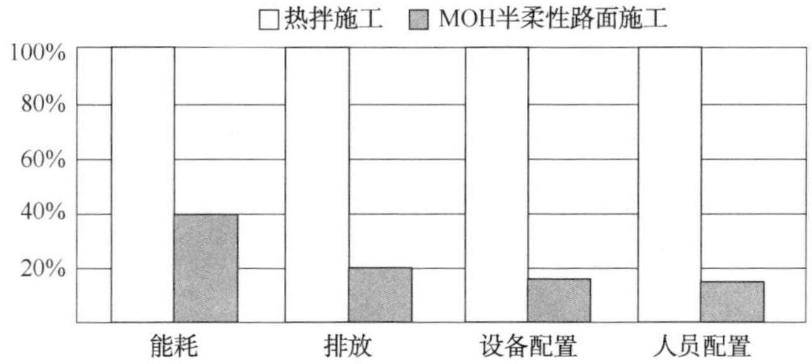

图 1-4 MOH 半柔性路面与热拌沥青混凝土对比

因此，MOH 材料作为一种新型道路铺装材料，其在高寒地区有着优良的路用性能，不仅能满足高速公路建设和养护需要，同时其无需加热、常温施工特性，较热拌沥青混凝土路面施工可大量节约能源，减少环境污染，是在目前国内严峻的环境和能源形势下提出的公路建养研究的新方向，符合《国家中长期科学和技术发展规划纲要（2006—2020 年）》能源和环境保护主题的要求。因此加快 MOH 半柔性路面应用与推广，为实现未来经济、节能、环保的公路建设具有重要意义[6]，已经成为行业发展的迫切需要。

1.1.2 MOH 材料路面施工作用机理

当前，MOH 材料路面应用推广的主要瓶颈是缺乏与其配套的施工装备与工艺。MOH 半柔性路面材料在处治桥头跳车(图 1-5)、车辙填充(图 1-6)施工时，使用稀浆封层车生产 MOH 半柔性路面材料，利用改制的稀浆封层车进行摊铺；在 MOH 半柔性路面施工中，借用稀浆封层车作为运料车和 MOH 半柔性路面材料生产车，拼搭传统的沥青混凝土摊铺机进行摊铺，见图 1-7，这种简陋的拼搭施工形式可视为拌和式 MOH 半柔性路面摊铺机的雏形。碾压均采用传统的胶轮压路机。由于没有专用的成套设备，所借用设备参数和施工工艺无法完全适应材料拌和、摊铺和碾压的要求，从而导致作业效率低、成本高，质量难以控制。所以现有路面施工设备和工艺不能满足适应于高寒地区 MOH 半柔性路面施工要求，即高寒环境下的连续施工、纤维添加、薄层摊铺等。因此，急需开发研究与 MOH 半柔性路面配套的适应于高寒地区的施工设备和工艺技术。

图 1-5　MOH 半柔性路面材料在处治桥头跳车施工

图 1-6　MOH 半柔性路面材料在处治车辙填充

图 1-7 稀浆封层车+热沥青摊铺机→MOH 半柔性路面施工

由 MOH 材料路面施工过程可知，拌和过程中先将水加入矿料和水泥中，水分先润湿矿料表面，水泥发生水化反应，形成水泥水化产物，接着加入乳化沥青。由机械黏附细观机理可知，在摊铺和压实过程中，沥青微粒逐渐向矿料表面黏附，当沥青-矿料结合力远大于矿料-水结合力时，水分被挤离矿料表面并从矿料间隙析出，矿料颗粒逐渐靠近，沥青的黏性作用逐步发挥，水泥水化产物连接矿料与沥青膜、沥青膜与沥青膜，以及矿料与矿料形成黏度较大、黏附性较强的三维网状结构见图 1-8(a)和(b)，材料形成密实黏结状态。由此可见，材料施工过程中的拌和、摊铺和压实等工艺影响着水泥的水化、水分析出、沥青黏性作用的发挥和材料三维黏附结构的形成，从而影响材料成型路面的力学性能。从而影响材料的黏弹塑流变和变形特性，最终影响到材料成型路面的密实度、强度特性和水稳定性等路用性能，因此制定合理的施工工艺对提高该材料路面的整体承载能力有着重要的意义。目前大部分施工单位未依据材

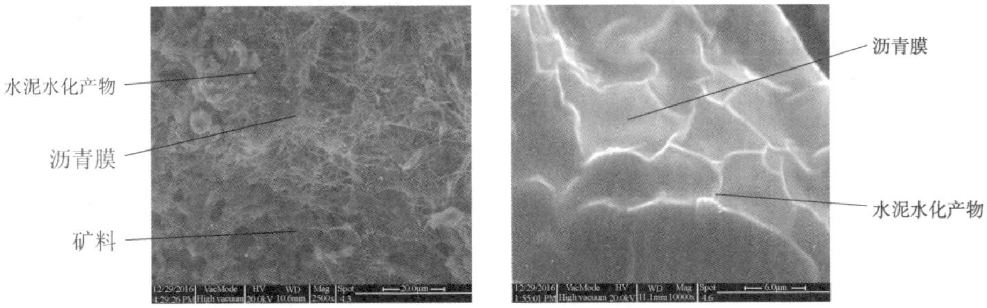

(a)2500×　(b)10000×

图 1-8 MOH 材料矿料电镜扫描结构图

料本身压实变形特性和机理确定施工控制参数和压路机的压实工艺参数，而是参考热沥青混合料或乳化沥青冷再生混合料的施工工艺，这些都制约了该材料的推广和应用。故亟须在 MOH 材料路面的施工控制参数、压实特性及压实理论、路面压实工艺参数的确定等方面展开系统和全面的研究，可加速半柔性路面在我国高寒地区各种等级或非等级公路以及更广泛地区道路的推广和应用。

1.2 半柔性路面材料研究现状

半柔性路面材料包括 MOH 材料、水泥乳化沥青混合料、水泥乳化沥青混凝土、水泥乳化沥青砂浆、冷拌冷铺沥青混合料、乳化沥青冷再生混合料等，下面阐述该类材料和热沥青混合料在路面施工装备、施工能耗、作用机理、施工控制参数、压实特性及压实理论、压实工艺等方面的研究现状。

1.2.1 半柔性路面施工装备及工艺

(1) MOH 材料路面施工装备及工艺

MOH 材料路面建设施工涉及原材料运输，材料拌和与摊铺、碾压，相对应的施工装备主要有物料运输车、半柔性路面常温施工装备、压路机等见图 1-9。河南高远公路养护技术有限公司开发的 MOH 材料半柔性路面常温施工装备由半柔性路面摊铺机及专用供料车等共同组成，也是 MOH 材料路面建设最为关键的施工装备，可实现连续供料、计量、拌和和摊铺等施工工艺见图 1-10，其主要作业参数见表 1-1。该半柔性路面摊铺机以专用的底盘为基础，加装完成各种功能模块。上装的功能模块完成现场供料、配料、拌和等功能；底盘具有超低速行走装置，满足摊铺工作时的速度要求；供料系统接受由专用供料车输送过来的各种物料并输送至对应储料仓；配料系统以骨料为基准，把乳化沥青、水、水泥、纤维等物料按一定比例输送至拌和器，拌和器完成拌和后将材料输送至摊铺装置完成摊铺，施工过程中采用连续搅拌形式；控制系统负责各系统的协调控制及作业参数的监控、记录及传输；摊铺熨平系统设置有熨平板和振捣梁，摊铺时开启振动和振捣功能；整机采取液压驱动、后驾驶操作方式，极大地降低了摊铺施工时接缝处理难度。

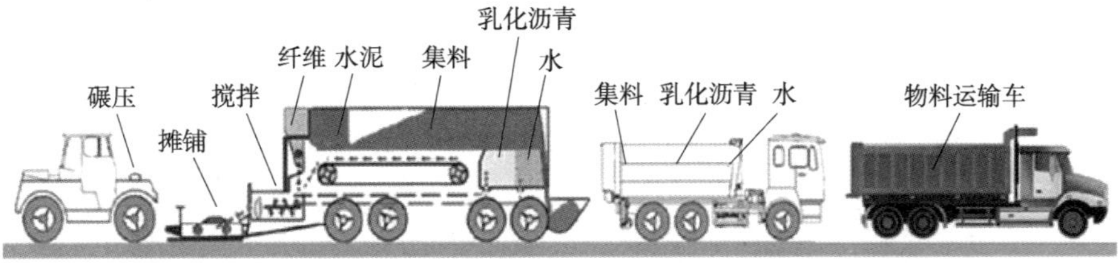

图 1-9 MOH 材料路面建设过程作业示意图

图 1-10 MOH 材料半柔性路面摊铺机及供料车

表 1-1 MOH 材料半柔性路面摊铺机作业参数

参数	整机满载质量/t	最大作业速度/(m·min^{-1})	最大拌和能力/(t·min^{-1})	最大摊铺厚度/mm	最大摊铺宽度/m	螺旋分料器转速/(r·min^{-1})	最高振动频率/Hz	最高振捣频率/Hz
取值	45	25	2.8	70	4.5	300	50	13

(2) 冷拌冷铺沥青混合料施工装备及工艺

近年来，法国 BLEND 公司开发了 E 系列冷拌沥青混合料拌和摊铺一体车，E050 型号车见图 1-11，其主要作业参数见表 1-2，该设备可实现骨料、水、乳化沥青、水泥石灰填料等材料各成分的精确计量和自动添加、拌和、摊铺等工艺，还可对材料温度进行监测，并可对计量、拌和、摊铺等工艺和施工过程进行远程控制。

表 1-2 法国 BLEND E050 型冷拌沥青混合料拌和摊铺一体车作业参数

参数	整机空载质量/t	最大拌和能力/m^3	功率/kW
取值	3.1	70	37

图 1-11　法国 BLEND E050 型冷拌沥青混合料拌和摊铺一体车

公路沥青路面施工技术规范中关于冷拌沥青混合料的路面施工的要求如下[7]：冷拌沥青混合料宜采用拌和厂机械拌和及沥青摊铺机摊铺的方式，缺乏厂拌条件时也可采用现场路拌及人工摊铺的方式；材料加进乳液后的机械拌和时间不宜超过30s，人工拌和时间不宜超过60s；已拌和好的材料应立即运至现场进行摊铺，并在乳液破乳前结束。

内蒙古准兴重载高速公路冷拌冷铺沥青混合料防水联结层的拌和及摊铺施工工艺如下[8]：总体上要保证均匀、连续、不间断地摊铺；摊铺时要注意检查材料的均匀性，避免出现花白、离析等现象；为了提高路面平整度，应保证连续稳定的摊铺，摊铺速度应根据拌和机的产能、施工机械配套情况以及摊铺厚度、摊铺宽度，按5~15m/min 予以调整选择。

(3) 乳化沥青冷再生混合料施工装备及工艺[9]

一般北方地区厂拌乳化沥青冷再生混合料采用专门的拌和设备进行拌和，采用沥青混合料摊铺机进行摊铺。拌和设备的生产能力应与摊铺设备相匹配，一般不宜小于200t/h。拌和应均匀，无花白料、无液体流淌、无结块成团现象，和易性良好。材料运输时应采取措施减少运输水分散失，防止材料提前破乳。摊铺时摊铺机熨平板不需要加热，按照试验路确定好的松铺系数(1.2~1.3)控制材料的松铺厚度。摊铺时必须缓慢、均匀、连续不断地摊铺，不得随意变换速度或中途停顿，摊铺速度应控制在2~4m/min 范围内。碾压时应按照试验段确定的压实工艺和最佳含水率进行碾压。

(4) 稀浆封层及微表处材料施工设备及工艺

稀浆封层[9]是一种由乳化沥青、破碎的级配料、矿粉、水和添加剂组成经专用设备拌和均匀制成稀浆状的混合物，并均匀地被摊铺到原有的沥青路面上形成一层与原路面接合牢固的养护层。微表处(microsurfacing)[10]是在乳化沥青稀浆封层基础上发展起来的，它由慢裂快凝的高分子聚合物改性乳化沥青、100%破碎的集料、矿粉、水和添加剂组成稀浆材料。

西筑 MS9 稀浆封层车系列[11]可用于高等级公路的预防养护工程改性乳化沥青稀浆封层(Microsurfacing)施工，也可用于稀浆封层、改性稀浆封层、路面车辙填补和冷料拌和。该稀浆封层车和作业参数分别见图 1-12 和表 1-3。

图 1-12 西筑 MS9 稀浆封层车

表 1-3 西筑 MS9 稀浆封层车作业参数

参数	整机空载质量/t	最大拌和能力/(kg·min^{-1})	摊铺宽度/m	功率/kW
取值	2.5	70	2.5~4.2	81

高远圣工 HGY5311TFC 型微表处摊铺机(稀浆封层机)[12]主要用来处理道路表面的摩阻力下降、裂缝、车辙等病害，以提高路面的抗滑性和防水性，改善路面平整度和行车舒适性，从而达到“返老还新”的效果，该摊铺机和作业参数分别见图 1-13 和表 1-4，可广泛应用于普通稀浆封层、改性稀浆封层及微表处的施工工艺中。

图 1-13　高远圣工 HGY5311TFC 型微表处摊铺机

表 1-4　高远圣工 HGY5311TFC 型微表处摊铺机作业参数

参数	整机空载质量/t	最小作业速度/($km \cdot h^{-1}$)	最大拌和能力/($t \cdot min^{-1}$)	摊铺厚度/mm	摊铺宽度/m	功率/kW
取值	3.1	25	3.5	3~15	2.5~4.3	110

稀浆封层施工工艺标准(FHEC-LM-17-2007)中摊铺稀浆材料的工艺[13]如下：摊铺前调节螺旋分料器的转动方向，使稀浆材料均匀地分布到摊铺槽中，当材料充满摊铺槽 1/2 左右深度时，摊铺机开始以 1.5~3.0km/h 的速度前进，摊铺的速度应保证摊铺槽内材料体积占摊铺槽体积的 1/2 左右，保证分料器能搅拌到材料。

1.2.2　MOH 材料路面施工装备与沥青路面施工装备能耗与环保效益比较[14]

(1) MOH 材料路面施工装备与沥青路面施工装备能耗比较

通过原材料运输，材料拌和、运输、摊铺、碾压等阶段的计算，分别累计得到 MOH 材料路面与传统沥青路面施工装备的标准能耗，绘制堆积柱状图，见图 1-14。

在划出的边界与范围内，MOH 材料路面施工装备的标准能耗为 130.26MJ/t，传统沥青路面施工装备的标准能耗高达 354.77MJ/t。较传统沥青路面施工装备，

MOH 材料路面施工装备产生的标准能耗降低了 63.28%，具体降低数值高达 224.51MJ/t。

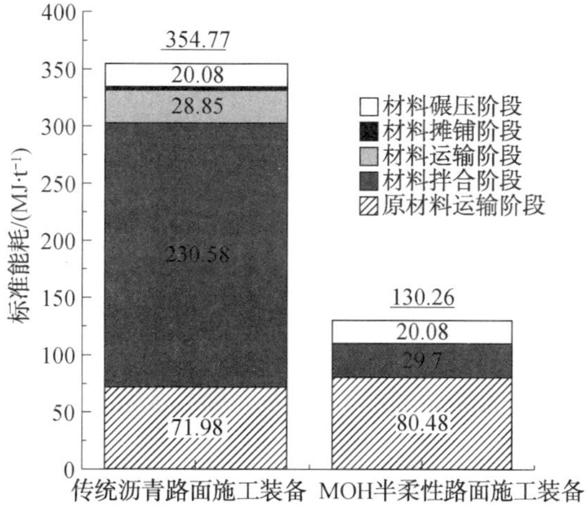

图 1-14 MOH 材料路面与传统沥青路面施工装备标准能耗各阶段堆积比较

(2) MOH 材料路面施工装备与沥青路面施工装备环保效益比较

① 标准温室气体排放比较

通过原材料运输，材料拌和、运输、摊铺、碾压等阶段的计算，累加得到 MOH 材料路面与传统沥青路面施工装备的标准温室气体排放，绘制如图 1-15 所示堆积柱状图。

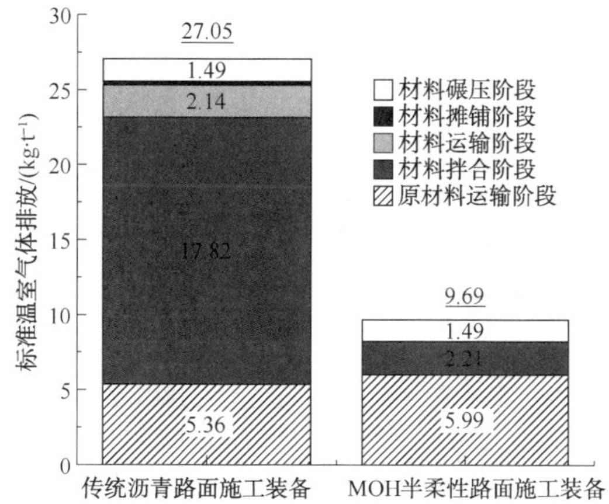

图 1-15 MOH 材料路面与传统沥青路面施工装备标准温室气体排放各阶段堆积比较

根据图 1-15，在划出的边界与范围内，MOH 材料路面施工装备的标准温室气体排放为 9.69kg/t，传统沥青路面施工装备的标准温室气体排放高达 27.05kg/t。较传统沥青路面施工装备，MOH 材料路面施工装备产生的标准温室气体排放降低了 64.18%，具体降低数值高达 17.36kg/t。

② 其他环境污染物排放比较

根据图 1-16、图 1-17 得到，较传统沥青搅拌设备环境污染物排放(不包括噪声排放)，MOH 材料路面常温施工装备优势尽显无遗，烟尘、粉尘、CO 等排放降低 91.00%以上，SO_2排放降低 72.00%，NO_x排放降低 83.00%以上，且无黑烟、无沥青烟。而燃气沥青搅拌设备具有一定的环保优势，但仍不及 MOH 材料路面常温施工装备。较燃气沥青搅拌设备，MOH 材料路面常温施工装备烟尘排放、粉尘排放等降低 85.00%以上，SO_2、CO、NO_x 排放分别降低 17.65%、36.84%、40.74%。

③ 工位噪声测量排放比较

根据图 1-18 可知，在工位噪声排放方面，由于裸露的操作台使得 MOH 材料路面常温施工装备表现不如沥青搅拌设备，具体测量结果接近排放限值；在设备噪声、厂界噪声排放方面，MOH 材料路面常温施工装备排放略有降低，沥青搅拌设备还出现超标结果(搅拌站三)。

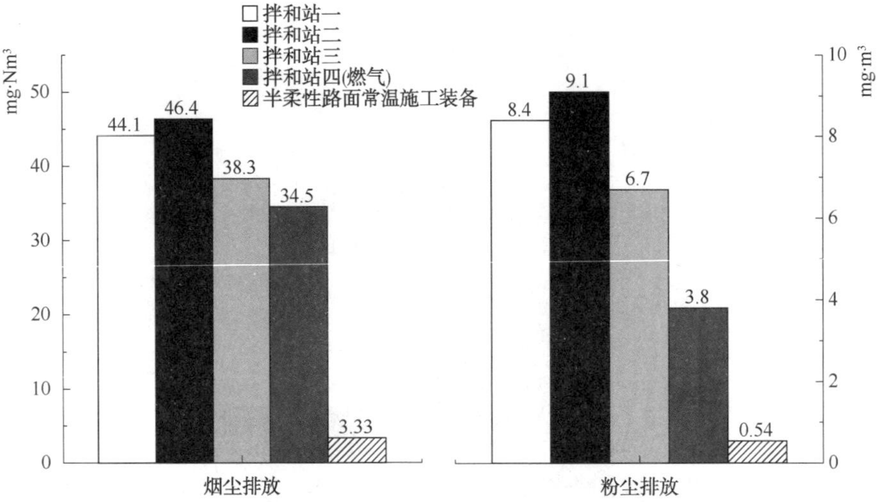

图 1-16　烟尘、粉尘排放测量结果标准

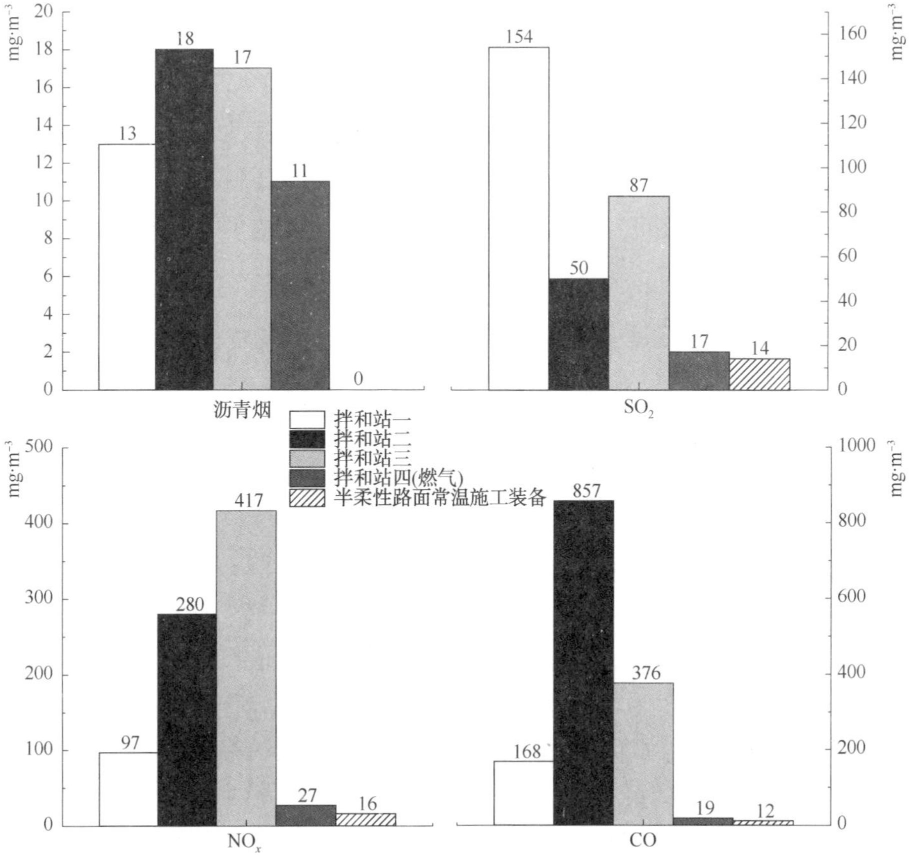

图 1-17 有害气体排放测量结果标准

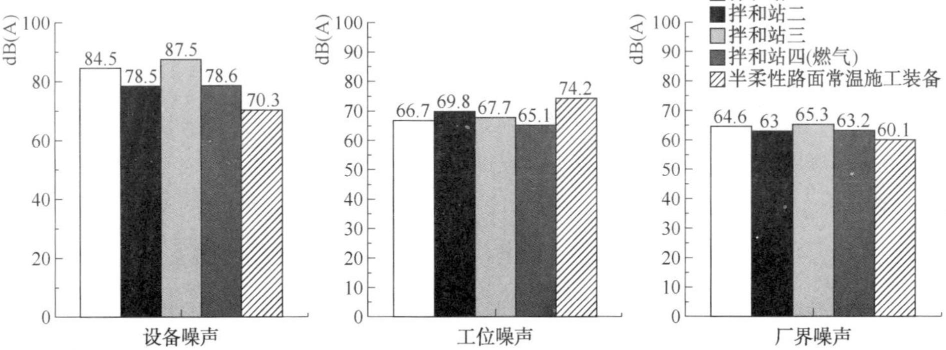

图 1-18 噪声排放测量结果标准

1.2.3 MOH 材料的作用机理及路用性能

关于 MOH 材料类混合料的研究，国外较国内早很多年，且大多数学者侧重于研究该类材料的作用机理、强度形成机理及力学性能。早在 20 世纪 60 年代，美国就开始从事此种材料的研究，随后日本、英国等一些国家也加入此项材料的研究工作中，并且都取得了一定的成果[15]。Terrel 通过大量的试验研究得出：乳化沥青中添加水泥材料，如果其早期强度较大，开放交通较早，必然导致道路在后期使用过程中强度提高疲劳性能下降[16]。Jame 通过大量的实验证实，在乳化沥青中添加适量的水泥可以明显提高材料的强度[17]。Schmidt 指出只有当水泥掺加用量不大于 3%时，其疲劳性能才不会降低[18]。Head 的研究成果指出，与未掺入水泥的材料相比，加入 1%的水泥便可以将稳定度提高到原稳定度的 250%~300%。浸水马歇尔试验结果表明，未掺入水泥的试件 24h 后就发生破坏，而掺入水泥的试件则未发生破坏[19]。Baomy 将预先裹覆一层水泥浆体的集料用于沥青混凝土中，以此来提高沥青混凝土的强度和刚度[20]。Uemura 和 Nakamori 指出，在日本，将普通硅酸盐水泥添加在乳化沥青混合料中使用已经有多年的应用。由于集料和乳化沥青不需要加热，材料中的粉尘和气体排放得到有效的消除，因而更为环保[?1]。Qadi 对水泥乳化沥青混凝土的稳定度、劈裂抗拉强度、抗压强度、回弹模量、水稳定性、冻融性和抗氯离子侵蚀等性能进行了研究[22]。Bullen 通过观察南非工程的实际应用指出：如果要提高路面的抗弯拉强度和疲劳性能，就需要在原有材料的基础上添加适量的水泥，但是实践证明当水泥用量增至 6%，其路面疲劳开裂仍然没有得到很好的改善[23]。G. Li 等基于实验分析了水泥乳化沥青混凝土的力学性能，总结出该混凝土既有水泥混凝土的疲劳寿命长、低温稳定性好的优点，又有沥青混凝土的高韧性和高柔性的优势[24]。Oruc 等指出将水泥加入乳化沥青混合料能显著改善材料的强度、温度敏感性、蠕变和永久变形等力学性能[25]。Abbas 等通过刚度模量试验、轴向蠕变试验、四分点加载疲劳试验、半圆弯曲试验测试水泥乳化沥青混合料的机械性能[26]。Nodia、Alvaro、Tyler 从微观方面分析了水泥和乳化沥青的相互作用机理以及由此所揭示的材料强度形成机理[27-29]，Alvaro 还分析了材料硬化速度和水泥含量、环境温度、湿度之间的关系[28]。Ozsahin 等建立神经网络模型预测水泥乳化沥青混凝土的弹性模量[30]。中国学者 YANG、FU、YAN 等也从微观方面研究了水泥乳化沥青混合料的微观作用机理和强度形成机理[31-34]。Saadoon 研究了水泥乳化沥青混合料的水分蒸发动力学，分析了水泥和黏合剂对水分蒸发的影响[35]。

部分中国学者研究了不同配合比对水泥乳化沥青混合料的空隙率、马歇尔稳定度、抗压强度、劈裂强度等路用性能的影响。张思源等[36]采用进一步修订的马歇尔稳定度实验方法设计水泥-乳化沥青混合料的配合比。苏毅通过空隙率、饱和度和稳定度等确定出最佳的拌和工艺和最优的配合比，采用路面压实成型后的实测路表弯沉值评定路面压实性能的好坏[37]。袁文豪等、王学信等、张欢等分析了不同的 *A/C* 值（沥青和水泥含量比值）对水泥乳化沥青混合料在马歇尔稳定度、劈裂强度、抗压强度等力学性能的影响[38-40]。Chu 等通过室内试验研究得出影响水泥乳化沥青混凝土马歇尔稳定度、抗压强度等力学性能的主要因素是：*A/C* 值、*W/C* 值（水和水泥含量比值）和骨料级配[41]。DU 等通过劈裂强度值确定出了最佳的水泥和乳化沥青含量，并采用弹性模量值和车辙试验进行验证[42]。KUO 等以水泥-沥青混合料的和易性黏度值为指标推荐了合适的 *A/C* 比值范围[43]。秦先涛等采用动态剪切流变仪、扫描电镜和力学试验等研究手段对不同 *A/C* 值时水泥乳化沥青复合材料的黏弹性能、微观结构以及抗压强度、抗变形能力等力学性能进行对比研究[44]。

关于水泥乳化沥青混合料路用性能的评价指标，众多中国学者有着不同的定义。大部分学者采用抗压强度、空隙率、马歇尔稳定度、劈裂强度等指标来评价该材料的路用性能。王海林等、李江等提出采用初始无侧限抗压强度试验评价水泥-乳化沥青混合料的初始强度，用成型修正马歇尔试验评价材料的成型强度[45-46]。李伟杰采用强度试验、模量试验和高温稳定性试验等综合评价冷铺复合沥青混凝土的使用性能[47]。王振军等研究了成型工艺和结合料因素对马歇尔稳定度和抗压强度等力学性能的影响[48]。肖晶晶采用抗压强度、抗剪强度等评价材料的力学特性，采用水稳定性、高低温稳定性和抗飞散性能试验评价其路用性能，采用疲劳试验评价其耐久性能[49]。余春林采用空隙率、平整度、劈裂强度、水稳性、抗疲劳性能等指标综合检验材料的路面性能[5]。田智仁采用抗压强度、抗折强度、抗压弹性模量、黏结强度等评价水泥乳化沥青混凝土的力学性能[15]。李江指出除了材料各组分水泥、乳化沥青含量等因素，温度、风等养生条件、拌和用水量及压实工艺均对材料强度有显著的影响。由于水泥的加入，使得乳化沥青混凝土的热稳定性能大幅度提高，马歇尔稳定度不再适合作为其力学性能的主控指标，劈裂强度作为间接拉伸的力学指标更适合该混凝土[50]。尚波采用空隙率和劈裂强度评价 MOH 材料的力学性能和路用性能[51]。Xu 等采用高温稳定性、劈裂强度、水稳定性、黏附特性衡量水泥乳化沥青混凝土的路用性能[52]。

1.2.4 路面材料施工控制参数

目前有部分学者研究了热沥青混合料、冷拌冷铺沥青混合料、土等路面材料的压实温度、摊铺初始密实度、有效压实时间、压实时机、松铺厚度、压实工艺、临界密实度等施工控制指标对材料压实质量的影响，但这些学者均是就这些指标的其中一个或几个进行研究，未全面和系统地对这些因素指标进行分析和研究。公路沥青路面施工技术规范中关于冷拌沥青混合料路面施工的要求[7]中规定：碾压开始时采用6~8t轻型压路机使材料初步稳定，待材料由褐色变为黑色时再采用10~15t中型压路机碾压，使水分挤出。这其实说明了碾压时机的选择应依据材料的破乳程度来确定。内蒙古准兴重载高速公路铺筑冷拌冷铺沥青混合料防水联结层[8]时，为了保证压实度和平整度，碾压应在冷拌冷铺沥青混合料不产生推移、开裂及黏轮的情况下进行，也即要求材料在压路机碾压前应具备一定的初始密实度和强度，但黏度不能太大。如朱杰尧研究了摊铺机振捣频率、振动频率和摊铺速度对沥青混合料摊铺初始密实度的影响[53]。如韩振河以材料的压实特性为评价标准来评价压实控制指标，确定出最佳的碾压温度、有效碾压时间和压实功[54]。柳朝印研究了沥青混合料的压实中需控制的因素包括材料的离析程度、碾压温度和面层厚度等[55]。汪德才等通过对不同拌和扭矩乳化沥青冷再生混合料压实后的空隙率进行测定，确定出拌和扭矩为20N·m的材料对应的最佳压实时机为拌和后放置2h[56]。刘建勋、尹如军等分析了面层厚度、初压温度、风力、气温、太阳辐射等因素对沥青混合料有效压实时间的影响[57-58]。李文轩认为应将松铺系数作为土石路基施工过程中控制的一个重要指标，松铺厚度影响路基的压实质量，松铺厚度应该结合土石填料的岩性、最大粒径等填料的工程特性和压实机械、碾压遍数等压实参数及经济性等多方面因素综合考虑后确定[59]。甘红俊、杨远生和戴步卿认为必须及时、正确、合理地控制沥青路面的松铺系数，并分析了松铺系数的各个影响因素[60-62]。刘克研究了紧跟碾压和分段碾压工艺对压实温度分布规律的影响并得出相应的密度分布结果，且进一步据压实作用推荐了合理的碾压摊铺速度比[63]。靳娟娟等通过研究土体强度与含水率及密实度的关系得出：在低含水率(小于土的塑限)条件下，土的强度随着密实度的增加而不断提高；在高含水率(大于等于土的塑限)条件下，土的强度会出现一个临界密实度[64]。

1.2.5 路面材料的施工和易性

施工和易性用于描述路面材料在拌和、摊铺和压实过程中的基本特征，直接影响到材料压实成型后的路用性能指标。国内外已有部分学者对 MOH 材料类混合料的施工和易性进行了一定程度的研究，并提出了相应的评价方法和评价指标。

关于 MOH 材料类混合料施工和易性的评价方法和评价指标，众多学者有着不同的定义。Wang 等通过流动度试验来测定水泥乳化沥青砂浆的和易性[65]，Kuo 等使用旋转黏度计和坍落度试验仪对影响水泥乳化沥青胶浆工作和易性的黏度特性进行了研究，得出材料黏度太小时不易形成足够的黏结强度，黏度太大时不易拌和和压实[43]。叶乾路采用初始无侧限抗压强度值评价乳化沥青混合料的施工和易性[66]。余春林用改进 *VC* 值(稠度值)作为评定水泥乳化沥青混凝土的压实和易性，能较好地反映拌和物的可碾压性，但它不能充分反映材料的易密实性[5]。这些学者均使用材料压实成型后的抗压强度值评定和易性的好坏。王火明等采用瑞典 NYNAS 公司工作性试验仪评价乳化沥青冷再生混合料的拌和和摊铺和易性，采用材料成型试件的空隙率和劈裂强度值评价其工作性能[67]。汪德才等通过扭力扳手对乳化沥青冷再生混合料的拌和扭矩进行测定，以扭矩值作为表征乳化沥青冷再生混合料的和易性，并以空隙率作为验证和易性好坏的指标，最终确定出最佳的拌和扭矩和最佳的压实时机[56]。张争奇等通过采用和易性实验仪对改性沥青混合料的拌和扭矩进行测定的方法，确定出最佳的拌和与压实温度，并通过旋转压实法进行验证[68]。

由此可见，已有研究主要采用借助流动度试验、旋转黏度计、工作性试验仪、扭力扳手等设备测定乳化沥青类混合料的流动度、黏度、拌和扭矩，并以空隙率、抗压强度、劈裂强度等指标作为判断该类材料的拌和和压实和易性的依据。但目前尚未见过关于 MOH 材料或水泥乳化沥青混合料的施工和易性评价方法及评价指标的研究。

1.2.6 路面材料压实特性及压实理论

压实特性既包括材料在压实过程中的易密实程度，又可反映和预测压实成型后路面的空隙率、抗压强度、水稳定性等路用性能。

(1) 压实特性

国内外已有部分学者对 MOH 类混合料的压实特性进行了一定程度的研究，并提出了相应的评价方法和评价指标。

① 无侧限抗压强度法。美国得克萨斯运输部采用无侧限抗压强度试验量化综合评价冷铺沥青混合料的压实特性[69]，国内一些阳离子乳化沥青混凝土路面的施工采用无侧限抗压强度设计材料的配合比。

② 压实指标法。国内外一些学者通过采用从SGC压实曲线中获得的压实指标来表征和评价沥青混合料或乳化沥青冷再生混合料的压实特性，Bahia、Dessouky等将沥青混合料的压实曲线分为施工压实和荷载压实两个阶段[70-71]，Dessouky分别定义了施工压实指标和荷载压实指标来表征沥青路面在此两个阶段的施工表现[71]。Delrio-prat等采用从压实曲线提出的压实耗散能量指数评价集料的形状纹理、沥青种类和含量等各影响因素的显著性[72-73]。张争奇等采用压实曲线中从初始压实到设计压实阶段的密实能量指数及密实曲线斜率，评价不同级配的沥青混合料的压实特性[74]。高磊利用SGC压实曲线提出初始压实能量指标和设计压实能量指标分别表征乳化沥青冷再生混合料在初始压实阶段和压实阶段的和易性与压实特性，并全面分析压实温度、乳化沥青用量、外掺水量、级配以及初始养生时间对乳化沥青冷再生混合料压实特性的影响[75]。

③ 人工操作法[76]。加拿大评判冷铺混合料的压实特性是采用经验方法，将材料放在-10℃的低温下，然后用小铲翻动，以难易程度来判断材料的压实特性。还有一种简单易行的方法，即在拌和冷铺混合料的过程中抓起一把材料捏紧，如果材料捏紧能成团，则表明材料经碾压可以成型而不松散。该方法简单实用，并能较为方便地检验材料的压实特性。上述两种评价方法虽然简单、易操作，但因缺乏评价指标和数据，全凭经验，缺乏准确度和科学性。

④ 失水率法[77]。徐雷采用材料在马歇尔击实过程中的失水率来评价乳化沥青混合料的密实程度和强度特性，较好地体现了该材料的压实特征。

除此之外，评价冷拌沥青混合料压实特性的方法还有磨耗损失率法和容重法，但因该两种方法测试过程较耗时，一般不予采用。可见，已有研究主要采用无侧限抗压强度法、压实指标法、人工操作法和失水率法等评价材料的压实特性，但以上研究提出的压实特性多指材料在压实过程中的易密实性能，不涉及材料压实成型后的强度性能，所以该类压实特性评价方法和评价指标不能全面和系统衡量该类材料的压实特征。

(2) 压实黏弹塑性本构模型

目前大部分学者研究了水泥乳化沥青混合料的微观作用、强度形成机理及力学性能，尚未检索到针对该材料压实过程黏弹塑性本构模型的研究。部分学者研究了沥青混合料在压实过程中变形特性的本构模型，如陈骁、刘轶凡、郑建龙通过MTS公司电液伺服试验系统进行压缩试验，研究热沥青混合料的压实过程并建立了不同荷载循环下的黏弹塑性本构模型[78-81]，陈骁基于Delft-Xahu模型并结合实验室数据建立黏弹塑性本构模型[78-79]，刘轶凡采用Bodner-Partom本构模型[80]，郑健龙则采用一维流变黏弹塑性模型[81]。

大多数学者研究了热态沥青混合料压实后变形过程的本构模型，如：Airey等、Tejaswi等通过实验得出沥青混合料在较少的应力循环次数和小应变下表现为线性黏弹性[82-83]。而Benedetto、Benedetto and Yan研究得出沥青混合料在中、高温下或在较低的应变率下，所受应力超过屈服应力 σ_p 时，本构关系表现出非线性的黏塑性特征[84-85]。由此可见，沥青混合料在实际压实过程中表现出呈非线性变化的黏弹塑性复合变化特点，其力学行为需采用非线性黏弹塑性本构关系描述。Darabi等将Schapery非线性黏弹性模型和Perzyna非线性黏塑性模型进行耦合，提出沥青混合料的硬化-松弛模型，可以预测与时间相关的轴向和径向的黏塑性压缩响应[86]。Zhu等基于热力学不可逆过程中的自由能和离散能理论，提出沥青混合料的黏弹性-黏塑性损伤模型以描述蠕变、压缩性能并预测与时间相关的压缩响应[87]。Karimi等提出兼有黏弹性、黏塑性和黏性损伤属性的硬化-松弛本构模型，该模型可以改善中等温度的应变预测[88]。Pasetto、Jahangiri等基于重复荷载下的蠕变恢复数据采用一维分析公式和非线性约束优化方法研究了沥青混合料的三维黏弹塑性本构模型[89-90]。Luo等指出沥青混合料的黏弹塑性特征导致了重复荷载试验中的应力曲线兼有可拉伸和可压缩属性，并且基于沥青混合料的黏弹塑性变形特性提出其路面裂纹开裂机理[91-92]。

综上所述，沥青混合料多采用黏弹塑性模型预测材料路面受载后的力学响应、变形特征及机理，且多数模型的理论已在沥青路面的车辙分析中得到初步应用[93-96]，且该类型理论多以存在屈服面为基本前提，涉及模型的初始屈服准则、强化规律、流动法则和加卸载等问题[97]，多数模型形式复杂且参数较多。

(3) 压实功

张争奇、李林萍、韩振河等采用施工过程中的密实能量指数衡量沥青混合料达到某一密实度时摊铺机和压路机所需要做的功，但并未列出压实功的精确计算公式[98-99,54]。部分学者总结得出了压实机械在压实沥青混合料和土样等材料时的压实做功计算公式，但压实功的计算模型缺乏基于路面材料变形特性的理论依据。如李汉光等首先通过马歇尔击实法计算得到沥青混合料达到要求密实度需要的能量，然后依据理论计算与现场实测，得到了施工过程中摊铺机振捣提供给路面的能量，及振动压路机和轮胎压路机单次碾压提供给沥青路面的能量，最后通过能量等效法确定出达到所需密实度摊铺机提供的能量和压路机的压实遍数[100]。张红春提出了胶轮和钢轮压路机的组合式碾压压实功计算模型[101]。马学良等提出了振荡压路机压实时被碾压材料吸收的有效压实功的计算模型[102]。王笑风等采用应力应变的方式提出橡胶沥青混合料压实功的计算公式，并称材料阻尼所消耗的能量为有效压实能[103]。彭勃等通过计算试验机对土样所做功的大小，反映不同条件下土体静力压实过程中的能耗规律[104]。

以上学者关于路面材料压实功的研究对 MOH 材料路面压实工艺参数的制定有一定的参考意义，但建立基于 MOH 材料本身压实流变特性的压实功计算模型是非常必要的。

1.2.7 路面材料室内压实成型方法

(1) 沥青混合料室内压实成型方法

目前沥青类材料的室内击实方法主要包括马歇尔击实法、旋转压实法、振动压实法和静压法。大部分学者最初采用传统的马歇尔击实法研究沥青混合料的压实特性和力学性能，后来开始引进旋转压实仪对材料进行旋转压实成型。如柴志军、廖建胜等采用马歇尔击实法成型试件研究温度、击实次数等因素对沥青混合料压实性能的影响[105-106]。李汉光等采用马歇尔击实法研究沥青混合料的压实特性并计算路面压实功[100]。叶奋采用马歇尔成型方法研究温度对温拌沥青混合料水稳定性的影响[107]。程亮等采用旋转压实法研究温拌沥青混合料的压实性能[108]。ZHANG C. 等采用旋转压实仪研究沥青混合料的压实特性[109-112]。刘胜林采用旋转压实法研究沥青混合料的压实流变特性[113]。徐朝阳、王志美等采用旋转压实法和马歇尔击实法分析温拌沥青混合料的压实特性与路用性能[114-115]。艾长发等采用旋转压实法和马歇尔击实法分析热沥青混合料的力学性能[116]。旋转压实成型试件力学性能参数较马歇尔击实试件更接近实际路面压实性能，但旋转压实仪参数不方便根据试验设计进行调整。近年来不少国内外学者开始普遍使用室内振动压实仪研究沥青混合料的压实特性，并比较分析旋转压实、振动压实、马歇尔击实和静压等压实方式的优缺点和对压实性能的影响。解晓光等比较了大型马歇尔压实、旋转压实和振动压实三种成型方式对沥青混合料压实后试件力学性能的影响，得出振动压实为最适宜的成型方式，并给出了激振力、频率、振幅和压实时间的推荐值[117]。Hunter 通过试验对比分析了旋转压实、振动压实和平板夯实的空隙率，表明旋转压实后的试件空隙率最小，达到 6.1%，振动压实为 6.3%，平板夯实为 6.4%[118]。Beainy 通过室内振动压实仪研究了振动时间和压实次数对沥青混合料密实度的影响[119]。Plati 等采用室内振动压实仪对静压，振压和静、振压相结合的三种压实方式对沥青混合料力学性能的影响进行了研究[120]。Hu 等采用实验室振动压实仪对沥青混合料的压实特性进行了研究[121]。ZHANG 等采用振动压实和马歇尔击实相结合的办法研究影响橡胶沥青混合料压实效果的因素[122]。Li 等分别采用旋转压实、振动压实、静压和马歇尔压实对冷再生沥青混合料进行压实试验，结果表明振动压实的压实效果优于静压和马歇尔击实[123]，但其成型的试件力学性能与旋转压实相比较差，而马歇尔击实仪、旋转压实仪和振动压实仪都无法全面记录压实过程中的力学响应数据，为此，一些学者采用万能试验机对材料进行静压压实，并设计一定的路面压实模拟程序对压实变形特性和规律进行研究。延西利采用侧向刚性约束静态压实法成型热沥青混合料试件，并分析其压实变化规律和影响因素[124]。陈骁、刘轶凡、郑建龙通过 MTS 公司万能试验机压缩试验模拟热沥青混合料的路面压实过程并分析其压实变形力学响应特性[78-81]。

除了比较常见的马歇尔击实、旋转压实、振动压实和静压压实外，还有一种“亚琛压实”。Aachen 压实仪[125]由 RWTH Aachen University（德国亚琛工业大学）公路工程研究所在 90 年代研制而成。图 1-19 所示为亚琛压实仪系统，图 1-20 所示为亚琛压实原理。该仪器可通过两个旋转的圆锥钢辊以一定的静线压力对沥青混合料旋压设定的次数，可以成型 10cm 或 15cm 的试件。不同于马歇尔击实仪的冲击压实原理，试验表明经过该压实仪压实后的材料压实性能比马歇尔击实更接近路面压实的效果。但该仪器国内引进较少，真正用于沥青混合料的压实试验较少见。

图 1-19 Aachen 压实仪

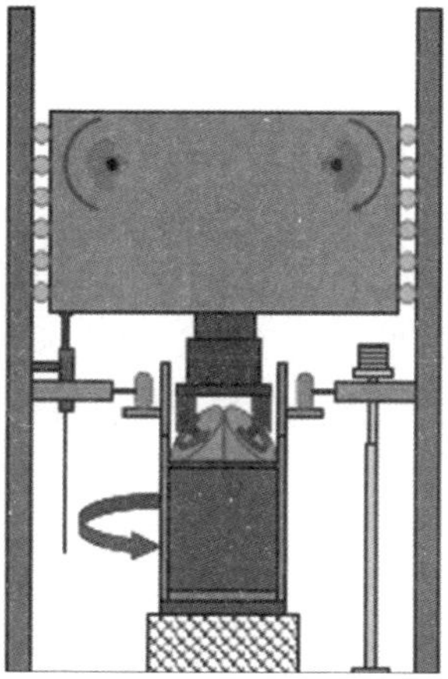

图 1-20 Aachen 压实原理

（2）水泥乳化沥青混合料室内压实成型方法

大部分学者采用马歇尔击实法作为室内研究水泥乳化沥青类混合料性能的压

实成型方法。马歇尔试件成型方法有三种，包括两种一次成型，分别为双面击实 50 次和 75 次，两次成型则为修正马歇尔试验方法。修正马歇尔试验方法要求击实分两次进行，一次为材料拌和完成入模时，一次为模内养生 24h 后。而 24h 后的二次击实会把已形成一定强度的水泥石击碎，破坏水泥与石料间的黏结，降低水泥对材料整体强度的改善作用[126]。张思源、李伟杰等提出采用进一步修正的马歇尔实验方法，即制作每个试件时，对上、下两面分别击实，且分两次进行，第一次击实在材料拌制入模时进行，第二次击实在水泥初凝时进行，用来模拟路面成型过程，击实次数各为击实总数的一半[36,47]。

余春林采用马歇尔双面击实法，单面击实次数设定为 45 次，试件击实一面后，将试模调换方向以同样的方法击实另一面[5]。王学信、杜少文、Xu 等采用马歇尔连续击实 75 次成型水泥乳化沥青混凝土试件[39,127,52]。

Oruc 等采用马歇尔成型方法研究了水泥含量对乳化沥青冷再生混合料的强度、水稳性等方面的影响[128]。Wang 等采用马歇尔成型方法研究水泥乳化沥青混合料的硬化和黏度等微观性能[129]。Al-Hdabi 等采用马歇尔成型试件研究冷拌沥青混合料的刚度模量、蠕变特性等力学性能[130]。

陈文在室内对乳化沥青冷再生混合料分别进行旋转压实试验和马歇尔击实试验得出，旋压试件的各项性能指标均优于马歇尔击实试件[131]。尚波提出采用改良的旋转压实成型法成型的试件密实程度和完整性均明显优于采用马歇尔击实法成型的试件[51]。

Arimilli 等、王舜采用旋压的方式成型水泥乳化沥青冷再生混合料试件来测试其力学性能[132-133]。谭忆秋、THOMAS 认为采用旋转压实仪 30 次成型试件的方法相对于传统的马歇尔击实方法，可以更好地模拟就地冷再生层的现场碾压工艺[134-135]。汪德才等采用旋转压实的方法对乳化沥青冷再生混合料的和易性指标和影响因素进行了研究[56]。梁春雨对比了标准马歇尔击实、大型马歇尔击实、SGC 旋转压实和现场路面压实芯样的密度值，发现旋转压实和大型马歇尔试件的密度较接近实验路段钻芯试件的密度，而标准马歇尔试件的密度远低于实验路段钻芯试件的密度[136]。胡力群等采用室内振动法成型试件研究乳化沥青-水泥混凝土的力学强度性能[137]。

综上所述，路面材料经旋转压实和振动压实成型后的力学性能优于静压和马歇尔击实，但振动压实仪无法记录材料实时变形数据，而旋转压实成型方法的压实原理接近压路机压实，压实数据可自动实时采集，但剪切力数据需要额外加装测试传感器。采用静压方式可根据设计的压实程序实时记录材料的压实变形特性。

1.2.8 路面材料压实工艺参数

(1) 沥青混合料路面压实工艺参数

沥青混合料路面的压实分为三步，包括静力钢轮压路机的初压、振动压路机的复压和胶轮压路机的终压。其中以振动压路机的压实功能为最大，影响振动压路机压实效果的主要因素是压路机的自重和静线压力。在其他参数不变的情况下，施加于被压材料层的静态压力和动态压力都与静质量成正比，即与振动轮的质量成正比。通常静线压力增加一倍，压实影响深度可以增加一倍。除了压路机的自重和静线压力，其他的重要影响参数包括频率、振幅、振动轮直径和宽度、碾压速度和碾压遍数、激振力、振动轮数等。

① 压实效果受振幅和频率参数影响[138]

a. 振幅和频率的最佳取值范围随被压材料的改变而改变。工程实践表明，在对沥青混合料进行压实时，振幅和频率的取值范围为0.4~0.8mm、30~50Hz；在对土石方进行压实时，振幅和频率的取值范围为0.8~2.0mm、25~40Hz。

b. 在振幅和频率的最佳取值范围内，振幅的增大会使振动压实的影响深度和沥青混合料所受的冲击力明显增加，进而取得更好的压实效果，而频率的改变对压实效果没有明显影响。

c. 当振动压路机的激振频率调整至沥青混合料的固有频率附近时，沥青混合料易发生共振，可以取得较好的压实效果。

② 振动轮直径和宽度[138]

振动压路机的压实效果受振动轮的直径和宽度的影响。在其他参数确定时，振动轮的宽度越小，振动压实作用的深度就越大；振动轮的直径越大，静线压力就越高。

③ 碾压速度和碾压遍数[138-140]

无论何种类型的压路机，在进行压实的过程中所产生的碾压速度都将明显影响被压材料的压实效果。当采用振动压路机施工时，碾压速度主要影响振动轮对单位面积内材料的作用时间。因此，低碾压速度比高碾压速度单位面积内接受振动压实时间要长，因而被压材料可获得更多的能量。假定使碾压材料层达到规定密实度所需的压实能量不变，则碾压速度加倍时，碾压次数也要加倍。在大型工程中，应针对具体碾压材料层和所用的压路机，通过压实试验来确定最佳碾压速度。通常，碾压层厚和难以压实的材料，应采用较低的碾压速度。

目前，有不少国内外学者对压路机压实作业参数与压实质量间的关系进行了研究与探讨。如美国国家公路与运输协会出版了热沥青混合料铺面手册，提出了典型级配沥青混合料在不同厚度下适宜的碾压工艺，包括机型、碾压遍数及方式等[141]。部分学者建立了路面压实过程中压实机具和材料之间的压实模拟模型，研究了沥青类路面混合料的压实方法、材料高度、温度、加载频率等参数对材料压实性能和力学性能等的影响[142-144]。一些学者研究了压实遍数、速度、压路机吨位、激振力、振幅、频率、碾压厚度等参数对路面压实性能和压实效果的影响[145-150]。但对于压实工艺参数的确定依据和准则未做进一步的研究和分析。徐永杰、顾洪江提出了确定压路机压实作业参数的遵循依据和原则[151-152]，李汉光等从能量等效角度确定沥青路面达到一定的密实度所需要的碾压遍数[100]。这些学者确定了特定施工要求下所需要的压路机施工工艺参数之间的匹配关系，但压实功的计算均采用马歇尔击实功去近似等效，由此确定出的压实工艺参数缺乏严谨的推导过程。

下面列出部分施工单位在铺筑热拌沥青混合料的施工工艺。

a. 宜春公路管理局在宜春地区一级公路铺筑 4.5cm 厚 AC-13C 热拌沥青混合料时的压实工艺参数见表 1-5[153]，压路机参数见表 1-6。

表 1-5　4.5cm 厚 AC-13C 热拌沥青混合料压实工艺参数

压实阶段	压路机型号	振动频率/Hz	振幅/mm	碾压速度/(km·h^{-1})	遍数
初压	钢轮压路机(11t) 英格索兰 DD110	0	0	2~3	2
复压	钢轮压路机(11t) 英格索兰 DD110	42	0.5/0.8	4~5	6
终压	钢轮压路机(11t) 英格索兰 DD110	0	0	3~4	5

表 1-6　英格索兰 DD110 压路机主要参数

压路机型号	操作重量/kg	工作宽度/mm	静线压力/(kg·cm^{-1})	振动频率/Hz	振幅/mm	激振力/kN
英格索兰 DD110(11t)	11370	1980	27.2/30.2	31/42	0.94/0.46	133/36

b. 连霍高速郑州至洛阳段铺筑 7cm 厚 AC-20 热沥青混合料时的压实工艺参数见表 1-7，压路机参数见表 1-8、表 1-9。碾压方式为胶轮与钢轮压路机交错进行各 4 遍[101]。

表 1-7　7cm 厚 AC-20 热拌沥青混合料压实工艺参数

压实阶段	压路机型号	振动频率/Hz	振幅/mm	碾压速度/($km \cdot h^{-1}$)	遍数
初压	胶轮压路机(32t) 徐工 XP302	0	0	5	4
复压	钢轮压路机(13.5t) 戴纳派克 CC624	40	0.3~0.8	4~5	4

表 1-8　戴纳派克 CC6240 压路机主要参数

压路机型号	操作重量/kg	工作宽度/mm	静线压力/($kg \cdot cm^{-1}$)	振动频率/Hz	振幅/mm	激振力/kN
戴纳派克 CC624(13.5t)	13500	2130	28.2/2.2	51/67	0.8/0.3	166/106

表 1-9　徐工 XP302 压路机主要参数

压路机型号	操作重量/kg	工作宽度/mm	接地比压/kPa
徐工 XP302(32t)	32000	2365	250~480

（2）水泥乳化沥青混合料类路面压实工艺参数

目前，鲜见关于水泥乳化沥青混合料路面压实工艺参数的研究，部分学者和施工单位提出了类似材料的压实工艺，包括初压、复压和终压过程中压路机吨位和型号、碾压速度、振幅、频率和遍数的选择，但此类压实工艺参数的确定未基于材料的压实特性和压实变形机理，缺乏系统和深入的理论依据。下面列出部分施工案例的施工工艺。

a. 内蒙古准兴重载高速公路铺筑采用冷拌冷铺沥青混合料防水联结层的压实工艺[8]，该冷拌冷铺沥青混合料压实工艺参数见表 1-10。

表 1-10　冷拌冷铺沥青混合料压实工艺参数

压实阶段	压路机型号	振动频率/Hz	振幅/mm	碾压速度/($km \cdot h^{-1}$)	遍数
初压	钢轮压路机(8t)	高频	低幅	—	2
复压	振动压路机(25t)	0	0	—	2~3
终压	轮胎压路机(≥25t)	0	0	—	3~5

b. 抚顺北环厂拌冷再生工程铺筑 6cm 厚乳化沥青冷再生混合料时采用的压实工艺如表 1-11 所示[9]。

表 1-11　6cm 厚乳化沥青冷再生混合料压实工艺参数

压实阶段	压路机类型	振动频率/Hz	振幅/mm	碾压速度/(km・h^{-1})	遍数
初压	钢轮压路机	0	0	1.5~3	1
复压	振动压路机	低频/高频	高幅/低幅	2~4	先低频高幅 2~4 遍，再高频低幅 2~4 遍
终压	轮胎压路机	0	0	2~4	2~4

c. 在重庆市荣昌区铺筑冷拌冷铺 4cm AC-13C 沥青混合料面层时的压实工艺参数见表 1-12[154]。

表 1-12　冷拌冷铺 AC-13C 沥青混合料压实工艺参数

压实阶段	压路机型号	振动频率/Hz	振幅/mm	碾压速度/(km・h^{-1})	遍数
初压	钢轮压路机	0	0	—	2
复压	振动压路机(12~15t)	—	—	—	2~3
终压	钢轮压路机	0	0	—	2

d. 驻马店市公路管理局在省道 S333 铺筑 7cm 水泥乳化沥青混合料时的压实工艺参数分别见表 1-13 和表 1-14[155]。

表 1-13　7cm 水泥乳化沥青混合料压实工艺参数

压实阶段	压路机型号	静线压力/(kg・cm^{-1})	频率/Hz	振幅/mm	碾压速度/(km・h^{-1})	激振力/kN
初压	小吨位钢轮压路机	0	0	0	<2	0
复压	振动压路机(12t)(戴纳派克 CC522)	30.6	50/50	0.7/0.4	<3	140/71
终压	轮胎压路机(16~20t)徐工 YL160	接地压强 0.8MPa	0	0	4~5	0

表 1-14　戴纳派克 CC522 压路机主要参数

压路机型号	操作重量/kg	工作宽度/mm	静线压力/(kg・cm^{-1})	振动频率/Hz	振幅/mm	激振力/kN
戴纳派克 CC522(12t)	12550	1950	30.6	50/50	0.7/0.4	133/36

e. 在宜昌—洋溪一级公路铺筑 8cm CEAC 下面层时的施工工艺参数见表 1-15[5]。

表 1-15 8cm CEAC 压实工艺参数

压实参数	压路机型号	振动频率/Hz	振幅/mm	碾压速度/(km·h^{-1})	遍数
初压	钢轮压路机	0	0	—	1~2
复压	振动压路机或轮胎压路机	—	—	—	振动 2 遍，胶轮 1~2 遍
终压	钢轮压路机	0	0	—	1 遍

f. 广州市公路局在重庆永川区茶山铺筑 5cm 水泥乳化沥青混合料面层时的工艺参数见表 1-16[36]。

表 1-16 5cm 水泥乳化沥青混合料压实工艺参数

压实参数	压路机型号	振动频率/Hz	振幅/mm	碾压速度/(km·h^{-1})	遍数
初压	钢轮压路机(6~8t)	—	—	—	2
复压	振动压路机(12t)	—	—	—	5
终压	—	—	—	—	—

2　MOH 材料路面的施工控制参数研究

影响路面材料压实特性和压实质量的施工控制参数很多[54]，其中包括拌和和摊铺工艺、压实时机、压实参数、压密程度、松铺系数等，本章分析不同温度下施工控制参数对 MOH 材料压实特性的影响，确定出该材料的最佳含水率、拌和速度、拌和时间、摊铺初始密实度、压实时机、旋压角、压实临界密实度和松铺系数，为施工设备参数的设计和控制提供参考和指导。

2.1　MOH 材料的成型机理及制备方法

2.1.1　MOH 材料强度形成机理及压实特性

（1）MOH 材料的微观结构[15]

MOH 材料拌和过程中乳化沥青的破乳和水泥的水化同时进行，而水泥的水化会放热，可加速乳化沥青的破乳，且有利于水分的蒸发。随着摊铺和压实作用的进行，部分未参加水泥水化的水分逐步蒸干，促进了沥青分子之间黏聚力的形成以及沥青对矿料的裹覆。呈针状或棒状水化产物一端深深插入沥青薄膜内部，与骨料和沥青形成一个整体，另一端与其余的水化晶体相互交织，形成网络结构，因此，水泥水化产物连接矿料与沥青膜、沥青膜与沥青膜以及矿料与矿料形成黏度较大、黏附性较强的三维网状结构，这种空间结构不仅使得材料具有足够的强度，还能使得该材料在高温条件下不发生过度变形，路用性能显著提高。材料最终的结构形式见图 2-1，单个矿料颗粒表面沥青和水泥水化产物裹覆情况的电镜显微结构见图 2-2，其中光滑片状的结构为沥青膜，针棒状的结构为水泥水化产物。

（2）强度形成机理[69]

MOH 材料兼具沥青的有机特性和水泥的水硬性特点，与沥青混合料相比有较高的刚度，与水泥混凝土相比又有较好的柔性。下面从该材料的摩尔-库仑理论分析其强度形成机理。

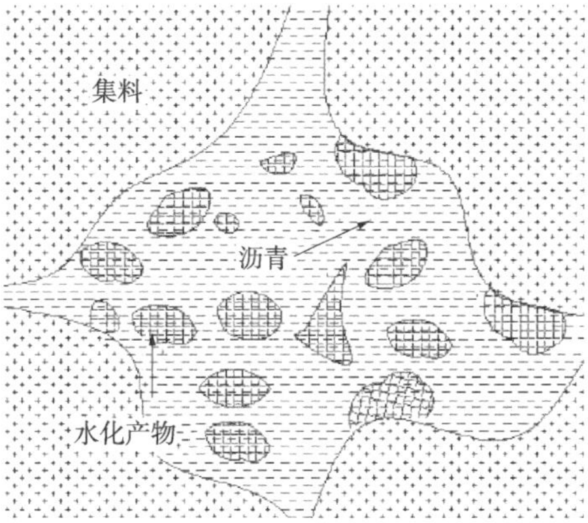

图 2-1 材料结构示意图

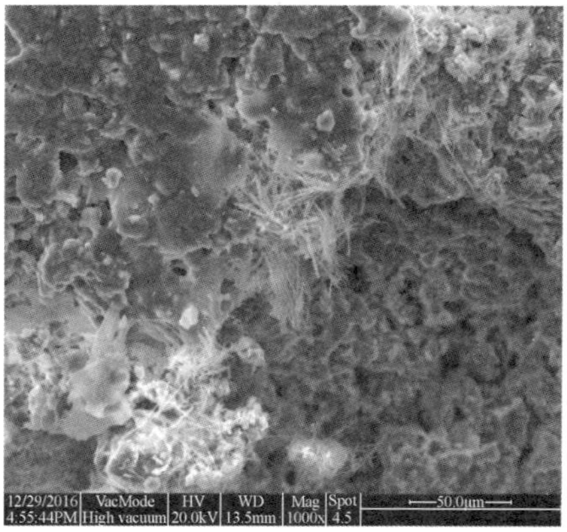

图 2-2 矿料电镜显微结构图

目前，对沥青混合料强度构成特性开展研究时，许多学者普遍采用了摩尔-库仑理论，即认为材料的强度由矿料间的嵌锁力(内摩擦阻力，用内摩阻角表示)及沥青和矿料间的黏聚力构成。即根据库仑定律，外力作用下不发生剪切滑动应满足下列关系式：

$$\tau \leqslant C+\sigma\tan\varphi \tag{2-1}$$

式中，τ 为外荷载产生的剪应力；C 为沥青和矿料间的黏聚力，MPa；σ 为外荷载产生的正应力，MPa；φ 为内摩阻角，rad。

由于材料破乳后的成分中除含有少量的水泥水化产物和逐步蒸发完的水分外，其他主要成分为沥青和矿料，故材料的强度分析也采用摩尔-库仑理论。

材料拌和时的矿料颗粒间彼此分离，呈疏松状态，颗粒之间并未相互嵌挤构成骨架，所以内摩阻角 φ 较小。而随着乳化沥青逐渐裹覆矿料，破乳也在同时进行，破乳后的乳化沥青油水分离，但因水分未及时蒸发而起到了润滑的作用，导致沥青分子对矿料的黏附作用不能充分发挥，即材料的黏聚力 C 值较小，综合这两方面，则材料在拌和时并未形成强度。

当材料在路面上摊铺后，开始承受摊铺作用力，矿料间隙内的水分部分蒸发，此时矿料颗粒在沥青和水分的润滑作用下相互推移，形成嵌挤结构，摩阻角 φ 值提供了初始强度的主要来源。而摊铺作用力的短暂作用使矿料间的推移不充分和矿料间隙率不够小，从而使材料的黏聚力较小，所以对初始强度的形成贡献非常小。

在压路机的压实和后期行车荷载的作用下，随着矿料间隙内的水分逐渐蒸发，矿料表面沥青分子的黏附作用力逐渐增大而导致了黏聚力 C 值的不断增加，使得材料的强度逐渐增加，逐渐密实至最终完全成型。而美国学者的三轴试验研究结果表明：摩阻角 φ 总的来说基本上是一个常数，对强度的增长起着较小的作用。可见，黏聚力 C 的增长大小与增长快慢决定了材料的最终强度和成型时间。强度的增长速率体现了材料的压实特性。

(3) 压实特性评价指标

压实特性既包括材料在压实过程中的易密实程度，又可反映和预测压实成型后路面的强度性能。材料的压实特性应表征材料在压实过程中矿料间隙内水分蒸发和沥青分子黏附作用力发挥的快慢程度，随着压实的进行，材料黏聚力值不断增加，当材料密实成型至一定程度时达到最佳的强度性能。

乳化沥青混合料试件经 60℃烘箱养生 2d 以上的抗压强度接近常温下养生 28d 的抗压强度[156]。故采用将压实成型后的试件在 60℃烘箱中养生 48h 以上的无侧限抗压强度值作为评价材料压实特性的主控指标，另外增加采用空隙率、马歇尔稳定度和劈裂强度等指标作为验证指标。根据多年的路面施工经验，即用高强度(≥4MPa)的沥青混合料铺设的路面在经过第一个冬季之后易出现温度裂缝，而低强度(≤2MPa)路面在炎热气候条件下则易出现塑性变形[69]。因此，将材料无侧限抗压强度值的范围设定为 2~4MPa。下面对无侧限抗压强度、空隙率、马歇尔稳定度和劈裂强度的测定方法进行介绍。

① 无侧限抗压强度

无侧限抗压强度按照《公路工程沥青及沥青混合料试验规程》(JTG E20—2011)中的 T 0713—2011“沥青混合料单轴压缩试验(圆柱体法)”的要求进行试验。试件采用旋转压实成型 ϕ150×100mm 圆柱体试件，试验前将试件在 60℃烘箱中烘 48h 以上直至试件质量无变化，取芯机取芯为 ϕ100×100mm 圆柱体试件，取出试件自然冷却至常温后置于 20℃恒温水槽养生 2. 5h。

② 空隙率

将旋转压实成型后的试件在 60℃烘箱中烘 48h 以上，直至试件质量无变化后取芯为 ϕ100×100mm 圆柱体试件，待试件烘干或自然风干后冷却至常温后，然后置于放入 25℃的水养箱中养护 10min 后，通过《公路工程沥青及沥青混合料试验规程》(JTG E20—2011)中的 T 0705—2011“压实沥青混合料密度试验(表干法)”分别测出试件的水中质量和表干质量，计算试件的毛体积密度，再除以材料的最大理论密度，从而可得其空隙率如下：

$$VV=\left(1-\frac{\gamma_f}{\gamma_t}\right)\times 100\% \quad (2-2)$$

式中，VV 为试件的空隙率,%；γ_f 为试件的毛体积相对密度，无量纲，采用《公路工程沥青及沥青混合料试验规程》(JTG E20—2011)中的 T 0705—2011“压实沥青混合料密度试验(表干法)”测定；γ_t 为材料理论最大相对密度，无量纲，采用《公路工程沥青及沥青混合料试验规程》(JTG E20—2011)中的 T 0711—2011“理论最大相对密度试验(真空法)”测定。

③ 马歇尔稳定度

马歇尔稳定度试验通常用来进行沥青混合料配合比设计和沥青路面施工质量的检验。试验采用《公路工程沥青及沥青混合料试验规程》(JTG E20—2011)中的 T 0709—2011“沥青混合料马歇尔稳定度试验”进行，试件为马歇尔击实试验成型的 ϕ101.6×63.5mm 圆柱体试件，试件养生方式为60℃恒温水槽养生 30~40min。

④ 劈裂强度

劈裂强度试验用于测定沥青混合料在规定温度和加载速率时劈裂破坏或处于弹性阶段时的力学性质，可供沥青路面结构设计选择沥青混合料力学设计参数及评价沥青混合料低温抗裂性能使用。试验采用《公路工程沥青及沥青混合料试验规程》(JTG E20—2011)中的 T 0716—2011“沥青混合料劈裂试验”进行，试件为马歇尔击实试验成型的 ϕ101.6×63.5mm 圆柱体试件，养生方式为常温(25℃)恒温水槽养生 1.5h 以上。

2.1.2 原材料级配组成

(1) 原材料性能

MOH 材料选用 AC-13 沥青混合料级配，矿料为河南新乡辉县石灰岩，压碎值均小于 12%，矿料合成级配参见表 2-1。采用的水泥为河南孟店牌，乳化沥青型号为高远 mk-06 慢裂快凝型。通过室内试验对粗集料、细集料、矿粉、水泥及乳化沥青材料进行原材料性能检验，粗、细集料，矿粉，水泥及乳化沥青材料技术要求及试验结果见表 2-2~表 2-6。

表 2-1 矿料合成级配

筛孔孔径/mm	16	13.2	9.5	4.75	2.36	1.18	0.6	0.3	0.15	0.075
通过率/%	100	97	82.2	64.9	38	22.9	16.9	10.3	8	6.5

表 2-2 粗集料质量技术要求及试验结果

指标		单位	技术要求	实测值	单项判定	检测方法
石料压碎值		%	≤26	23.0	合格	T 0316
洛杉矶磨耗损失		%	≤30	17.8	合格	T 0317
坚固性		%	≤12	—	—	T 0314
针片状含量(材料)		%	≤18	9.1	合格	T 0312
水洗法(<0.075mm颗粒含量)	15~25mm	%	≤1	0.4	合格	T 0310
	5~15mm	%	≤1	0.7	合格	
软石含量		%	≤3	—	合格	T 0320
表观相对密度	15~25mm	—	≥2.50	2.756	合格	T 0304
	5~15mm	—	≥2.50	2.737	合格	

表 2-3 细集料质量技术要求及试验结果

项目	单位	技术要求	实测值	单项判定	检测方法
表观相对密度(0~5mm)	—	≥2.50	2.740	合格	T 0328
坚固性(>0.3mm 部分)	%	≤12	—	—	T 0340
砂当量	%	≥60	62	合格	T 0334
亚甲蓝值	g/kg	≤25	—	—	T 0349

表 2-4 矿粉质量技术要求及试验结果

项目		单位	技术要求	实测值	单项判定	检测方法
表观密度		$g \cdot cm^{-3}$	≥2.50	2.669	合格	T 0352
含水量		%	≤1.0	0.04	合格	T 0103
粒度范围	<0.6mm	%	100	100	合格	T 0351
	<0.15mm	%	90~100	95.8	合格	
	<0.075mm	%	75~100	91	合格	
外观		—	无团粒结块	无团粒结块	合格	—
亲水系数		—	<1	0.7	合格	T 0353
塑性指数		%	<4	—	—	T 0354
加热安定性		—	实测记录	合格	合格	T 0355

表 2-5　水泥检测结果

性能指标	检测结果	性能指标	检测结果
细度/%	4.1	胶砂流动度/mm	182
密度/($kg \cdot m^{-3}$)	2906	抗折强度 3d/MPa	4.2
比表面积/($m^2 \cdot kg^{-1}$)	374	抗折强度 28d/MPa	6.7
标准稠度用水量/%	27.6	抗压强度 3d/MPa	25.4
初凝/min	213	抗压强度 28d/MPa	38.4
终凝/min	289		

表 2-6　乳化沥青检测结果

性能指标	指标值	试验结果
筛上剩余量(1.18mm)/%	<0.1	0.06
残留物含量/%	≥55	62
针入度(25℃)/0.1mm	45~150	63
软化点(5℃)/℃	≥42	47.5
延度(15℃)/cm	≥100	120
标准黏度(25℃)/s	10~60	14
离子电荷	—	阳离子
破乳速度	—	慢裂
储存稳定性(1d)/%	≤1%	0.8
储存稳定性(5d)/%	≤5%	4.5

(2) 材料配合比方案

由 MOH 材料强度形成机理可知，材料的强度形成是水泥、乳化沥青和水三者之间互相作用的结果，因此采用正交试验法设计该材料的配合比方案是合理的。常温下室内试验采用的材料配合比三因素分别为水泥、油石比(乳化沥青的含量换算为油石比)和含水率，三因素各选三个水平进行试验，见表 2-7，各水平取值均为质量含量，百分比基数均为集料总质量。

如表 2-8 所示，对表 2-7 各因素采用正交试验设计，记录材料旋压成型试件的抗压强度值。对抗压强度值进行极差分析，分析结果见表 2-9，得出最优配合比方案为方案 4，其中水泥含量为 2%，油石比为 4.5%，总含水率为 6%。

表 2-7 MOH 材料配合比因素水平表

水平	(A)水泥/%	(B)油石比/%	(C)含水率/%
1	(A1)1	(B1)4.5	(C1)5.5
2	(A2)2	(B2)5	(C2)6
3	(A3)3	(B3)5.5	(C3)6.5

注：A_1、A_2、A_3分别表示因素 A(水泥)的三个水平；B_1、B_2、B_3分别表示因素 B(油石比)的三个水平；C_1、C_2、C_3分别表示因素 C(含水率)的三个水平。

表 2-8 正交方案及方案抗压强度值

试验号	三因素水平取值			抗压强度/MPa
	A	B	C	
1	A1	B1	C1	2.03
2	A1	B2	C2	1.84
3	A1	B3	C3	1.76
4	A2	B1	C2	2.96
5	A2	B2	C3	2.18
6	A2	B3	C1	1.28
7	A3	B1	C3	1.98
8	A3	B2	C1	1.85
9	A3	B3	C2	2.09

表 2-9 抗压强度值极差分析结果

极差指标	极差数据		
	A	B	C
K1	5.631	6.964	5.148
K2	6.420	5.874	6.896
K3	5.910	5.123	5.917
k1	1.877	2.321	1.716
k2	2.140	1.958	2.299
k3	1.970	1.708	1.972
极差值	0.263	0.614	0.583
最优方案	A2	B1	C2

注：K1、K2、K3 分别表示 A、B、C 三因素在 1、2、3 水平下对应的抗压强度值的和；k1、k2、k3 分别表示 A、B、C 三因素在 1、2、3 水平下对应的抗压强度值的平均值。

（3）配合比方案的验证

论文上一节根据抗压强度极差分析数据得出常温下材料的最优配合比方案，即水泥含量为2%，油石比为4.5%，总含水率为6%。这一节通过材料成型试件的空隙率、马歇尔稳定度（后简称稳定度）和劈裂强度三个指标值对常温下最优配合比方案进行验证，由于不考虑温度的变化，所以暂不考虑含水率对这三个指标值的影响。三个指标值试验条件见2.1.1节，表2-10、表2-11分别为水泥含量为2%不同油石比时和油石比为4.5%不同水泥含量时空隙率、稳定度和劈裂强度的取值。图2-3为水泥含量为2%时不同油石比对空隙率、稳定度和劈裂强度的影响，图2-4为油石比为4.5%时不同水泥含量对空隙率、稳定度和劈裂强度的影响。由图2-3可知，在水泥含量为2%时，随着油石比的增加，稳定度和劈裂强度值先增大后减小，当油石比为4.5%时稳定度和劈裂强度值都达到峰值；随着油石比的增加，空隙率逐渐减小。由图2-4可知，在油石比为4.5%时，随着水泥含量的增加，空隙率和劈裂强度值均逐渐增大；随着水泥含量的增加，稳定度值先增加后减小，当水泥含量为2%时稳定度值达到峰值。由以上分析可知，水泥含量为2%、油石比为4.5%时稳定度值达到9.515kN，劈裂强度值为0.89MPa，空隙率值为7%，满足表2-12乳化沥青冷再生混合料的设计要求。因此，采用抗压强度作为主控指标，采用空隙率、劈裂强度、马歇尔稳定度作为验证指标确定出的常温下材料的最优配合比方案是合理的。

表2-10　不同油石比时压实特性验证指标数值

试验号	油石比/%	水泥含量/%	空隙率/%	稳定度/kN	劈裂强度/MPa
1	3	2	9.6	7.04	0.66
2	3.5	2	8.8	7.65	0.7
3	4	2	7.5	9.21	0.85
4	4.5	2	6.5	9.82	0.93
5	5	2	6.1	9.75	0.9

表2-11　不同水泥含量时压实特性验证指标数值

试验号	油石比/%	水泥含量/%	空隙率/%	稳定度/kN	劈裂强度/MPa
1	4.5	0	6.7	7.74	0.65
2	4.5	1	7.2	8.86	0.71
3	4.5	2	7.5	9.21	0.85
4	4.5	3	8.9	9.12	0.89
5	4.5	4	11.8	8.59	1.13

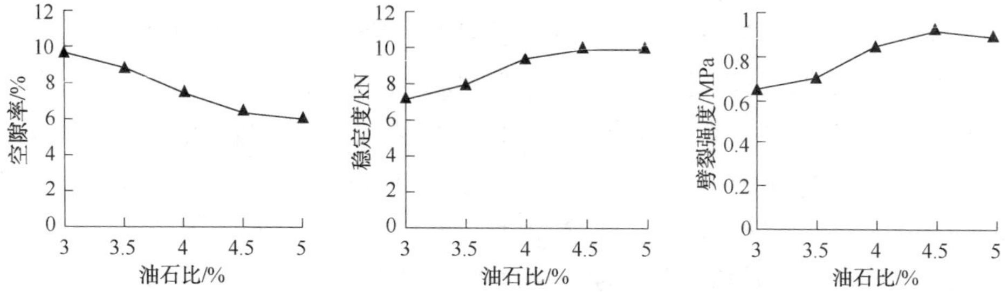

图 2-3　油石比对空隙率、稳定度和劈裂强度的影响

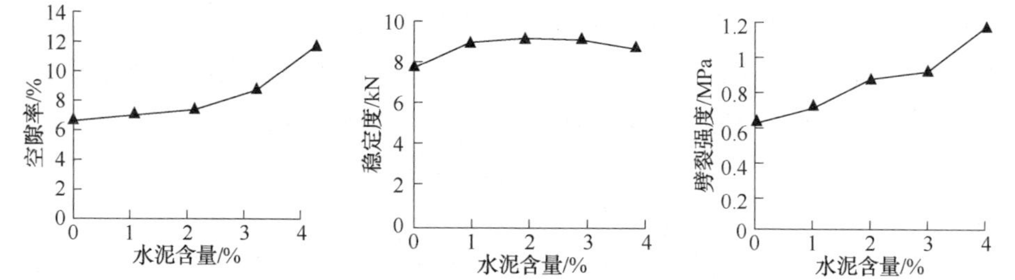

图 2-4　水泥含量对空隙率、稳定度和劈裂强度的影响

表 2-12　乳化沥青冷再生混合料设计要求

项　　目	技术要求	项　　目	技术要求
空隙率/%	6~12	浸水马歇尔残留稳定度(40℃)/%	≥75
稳定度(40℃)/kN	≥6.0	劈裂强度(15℃)/MPa	≥0.5

2.1.3　室内压实方法

大部分学者最初采用传统的马歇尔击实法研究沥青混合料的压实特性和力学性能，后来开始引进旋转压实仪对材料进行旋转压实成型[105-116]。旋转压实方法成型的材料试件力学性能参数较马歇尔击实试件更接近实际路面压实性能，但旋转压实仪参数不方便根据试验设计进行调整。近年来不少国内外学者开始普遍使用室内振动压实仪研究沥青混合料的压实特性[117-123]，部分学者比较马歇尔压实、旋转压实和振动压实三种成型方式对沥青混合料压实后试件力学性能的影响，得出振动压实为最适宜的成型方式，并给出了激振力、频率、振幅和压实时间的推荐值[117]，但其成型的试件力学性能与旋转压实相比较差[123]，而马歇尔

击实仪、旋转压实仪和振动压实仪都无法全面记录压实过程中的力学响应数据，为此，一些学者采用万能试验机对材料进行静压压实，并设计一定的路面压实模拟程序对压实变形特性和规律进行研究[78-81,124]。下面分别介绍马歇尔击实法、振动压实法、旋转压实法、万能试验机静压压实法和亚琛压实法。

(1) 马歇尔击实法[157]

目前，马歇尔击实法是试验室路面材料常用的压实方法。按标准高度的重量将试模中材料压实一定次数，试件在冲击锤冲击作用下，集料重新移位排列，试件被击实，形成成型试件，这种成型方式与实际施工中道路材料的振动压实成型有较大差距。另外，在冲击压实作用下部分骨料会发生局部破碎，改变实际级配，并直接影响其路面性能。

马歇尔击实方法经过半个多世纪的应用，为材料设计和沥青路面做出了巨大贡献。然而，随着路面交通运输业的发展，车辆设计轴载的增加，以及新型路面材料、施工工艺、路面结构的发展运用，再加上马歇尔压实本身也存在缺陷，这种经验压实成型方法逐渐显示出一些局限性。

水泥乳化沥青作为半刚性材料[158]，与普通热拌沥青和SMA有较大差别，故其最佳成型方式也必然有所区别。基于国内外研究成果，为寻找合适的击实次数，拟定一次成型(双面50次，双面75次)和二次成型(先双面击实50次，待水泥初凝时，再双面击实25次)方案。

(2) 振动压实法[157]

轮碾压法是沥青混合料试验室的常用成型方法，滚轮分为刚轮和气轮，在欧洲、美国和澳大利亚得到广泛应用。试件为300mm×300mm×50mm或300mm×300mm×100mm的方形板，在规定的线载荷下，在水平和垂直方向上多次压碎，模拟路面施工期间的压实过程。轮碾振动压实成型机见图2-5。

图2-5 轮碾振动压实成型机

沥青混合料经过碾压成型，压实过程中沥青混合料经受垂直压力和滚筒的剪切力，接近实际施工过程。在路面材料试验中，通常用来为车辙试验和切割梁试验准备试件，以检验沥青混合料的高低温性能。

在轮碾压实过程中，沥青混合料受到车轮滚动引起的垂直压实和横向剪切作用，但沥青混合料被四周钢板固定限制，与实际路面压实相违背，导致沥青混合料的横向剪切位移受到影响，这也与实际道路路面压实情况不一致。

（3）旋转压实法[159]

随着高等级道路和重载交通对沥青混合料的设计要求越来越高，原有的沥青混合料压实方法暴露出诸多弊病，受到了越来越多的质疑。因此人们研究出了更先进的沥青混合料压实方法——旋转压实法。从压实设备种类来分，比较有代表性的包括 GTM 和 SGC 两种。

20 世纪中叶，美国工程师兵团研制了 GTM 压实设备。它成型的试件为圆柱状，通过上、下水平压板施加 1 个恒定竖向应力，侧壁的钢模进行可变角度的旋转，使试件在揉搓作用下产生剪切应力。沥青混合料同时受到竖向压力和水平剪切力的作用，重新排列逐步形成骨架并最终压实。GTM 的设计不同于以往的设计方法，它主要是通过评价应变、抗剪性能来指导沥青混合料的设计。具体如下：①提出稳定指数 GSI（压实成型时的应变与稳定状态的应变比值，一般规定要求≤1.05，其中以每 100 转下试件密度变化≤0.016g · cm^{-3} 为稳定状态）；②提出抗剪因子 GSF（平衡状态下抗剪强度与设计最大剪应力的比值，比值越大说明抗剪性能越强）；③其旋转角也是不固定的，经研究发现，沥青混合料压实过程中的旋转角度变化与路面抗永久变形能力有关；④GTM 压实设备具有一体化的特点，在压实的同时也测得了相关力学数据。不同于以往的方法，该方法通过应力-应变关系指导沥青混合料的设计。

SGC 压实设备是 Superpave 材料设计方法中的一种压实工具。它的压实过程与 GTM 基本相同，是通过对圆柱体试模施加（600±18）kPa 的竖向压强，（1.16±0.02）°的固定旋转剪切角，（30±0.5）r/min 的转速来成型试件。SGC 与 GTM 的区别在于材料设计思路，Superpave 设计方法主要通过胶结料的高低温性能选择沥青混合料类型，采用控制点和禁区的理念来对级配进行优化选择。不同于 GTM 对于应力-应变关系的分析，SGC 压实设备只记录试件高度与压实次数，进而评价沥青混合料的体积特性。旋转压实法克服了马歇尔击实法中集料易破碎、压实功不足等问题，试件尺寸有所增大，揉搓压实后的沥青混合料均匀性提高，试件与路面取芯的相关性增强；同时，压实设备能够精确地控制高度，与轮碾压实法相比，提高了试件压实体积的精确性。

（4）万能试验机静压压实法[160]

静压压实成型可采用如图 2-6 所示的电液伺服万能试验机，其试验力量程为

0～3000kN，加载速率为 0.2%～2% FS/s（试验力满量程/秒），可记录试验过程中的加载力、位移和时间等数据，可较大程度地模拟压路机的压实，通过控制材料的高度变化来控制压实进程。

（5）亚琛压实法

该压实成型方法介绍详见 1.2.5 节。

图 2-6　微机控制电子万能试验机

实验室压实试验采用了马歇尔击实成型法和旋转压实成型法，马歇尔击实法采用马歇尔标准击实法双面击实 75 次，旋转压实法采用标准旋压参数旋压 180 次，此二者成型法分别得到的试件空隙率为 11.7%和 7.1%，成型试件分别见图 2-7 和图 2-8，采用专用拌和及旋转压实的成型方法得到的劈裂强度值最大，为 0.7～0.9MPa，采用马歇尔拌和及击实得到的劈裂强度值最小，为 0.4～0.6MPa，因此，旋转压实成型试件在密实程度、完整性和强度性能方面明显优于马歇尔击实成型试件。

图 2-7　马歇尔击实成型试件

图 2-8　旋转压实成型试件

因为旋转压实成型法能够较准确地模拟实际压路机的压实过程，故将 SGC 旋转压实仪运用到了材料的室内压实试验中。旋转压实采用美国 Troxler5850 型 Superpave 旋转压实仪，见图 2-9，其主要参数选择如下：$P=(600\pm6)$ kPa，$\alpha=(1.122\pm0.002)°$，$\omega=(30\pm0.5)$ r/min。因材料在压实过程中会有乳化沥青的破乳而有水分泌出，为了更真实地模拟材料路面压实过程中乳化沥青的破乳出水，所采用的旋转压实试模为设计了出水孔的专用试模，见图 2-10。

图 2-9　旋转压实仪

图 2-10　旋转压实用试模

2.2　拌和控制参数

2.2.1　拌和机理

材料拌和过程中，包含有矿料颗粒的位移、乳化沥青的破乳、水泥水化及沥青分子对矿料的黏附等物理反应和化学反应进程，拌和的目的在于使得材料在宏观和微观上都要达到均匀，拌和中材料的移动一般存在三种运动形式[161]。

（1）对流运动。对流运动是材料在宏观上均匀的重要保证，它是材料在拌和器内大范围的规则流动，这种运动是最主要的，也是最基本的，尤其是在拌和刚开始的时候。

（2）扩散运动。为了使材料中的水泥水化产物和乳化沥青破乳后的沥青薄膜等黏性组分分布均匀，满足微观上的均匀分布，需要局部扩散运动来促进各组分间的均匀混合。扩散运动则能使材料在微观上拌透，扩散运动能大大提高材料的性能。

（3）剪切运动。由于材料中各成分的速度不同，各相间相互滑动，产生了剪切运动。剪切运动主要发生在水泥团聚物上，水泥团聚物严重影响着材料的微观均匀性，剪切运动可以使水泥团聚物被打散，保证了材料的微观均匀性。

材料的拌和方法、拌和用水量、拌和速度和拌和时间等直接影响着材料拌和过程中的对流运动、扩散运动和剪切运动，从而影响到拌和后材料的均匀性和破乳情况，进而影响材料的摊铺效果和压实特性。因此，确定出最佳的拌和方法、拌和用水量、拌和速度和拌和时间对该材料的施工具有非常重要的意义。本书对材料的拌和和易性的表征参数进行分析和确定，并提出了理想拌和状态的判定方法，分析了影响材料拌和和易性的因素，确定了10℃、25℃和40℃三个温度下材料的最佳含水率、合适的拌和速度和拌和时间。

2.2.2 拌和和易性的表征与检测

通过材料的拌和和压实试验得出，材料的拌和黏度值直接影响着材料的压实和易性。为此，提出采用实时黏度值来评价材料的拌和和易性。

胡槛安等根据旋转黏度计的工作原理，推导出了牛顿流体和非牛顿流体黏度和扭矩的关系表达式如下[162]：

$$\eta=\frac{M}{4\pi l\omega}\left(\frac{1}{R_1^2}-\frac{1}{R_2^2}\right) \tag{2-3}$$

式中，η 为材料黏度，Pa·s；M 为拌和扭矩，N·m；ω 为拌和转速，rad·s^{-1}；l、R_1、R_2 分别为拌和杆长度、拌和杆和拌和筒的半径，m。

由式(2-3)可知，材料黏度值可通过拌和扭矩值来表征，扭矩值越大，说明材料黏度值越大。故采用实时拌和扭矩值作为表征拌和和易性的参数。

为了测试材料拌和后扭矩值，笔者采用拌和器上加装扭矩传感器，并通过RS232数据接口实时采集数据，实现扭矩值实时动态记录，和易性测试设备见图2-11。

图2-11 MOH材料拌和和易性测试设备

2.2.3 拌和和易性的表观评价方法

观察材料的可拌和时间、拌和均匀性、沥青裹覆集料状态及材料的浆态[163]。如果拌和完成后集料表面颜色接近黑褐色，且集料表面湿润，沥青裹覆均匀、全面，基本无花白料，材料呈胶团状，浆体不流淌、不聚集，粗细料不分离，则材料达到理想拌和状态，施工和易性较好。材料拌和完成后较理想的状态见图 2-12，图 2-13 所示为 10 倍光学显微镜下沥青裹覆集料情况，集料表面裹覆的物质中包含了大部分乳化沥青破乳后的沥青颗粒、少部分未破乳的乳化沥青颗粒和少部分自由水，还有极少部分沥青及乳化沥青颗粒游离在集料外。

图 2-12　材料拌和后理想状态

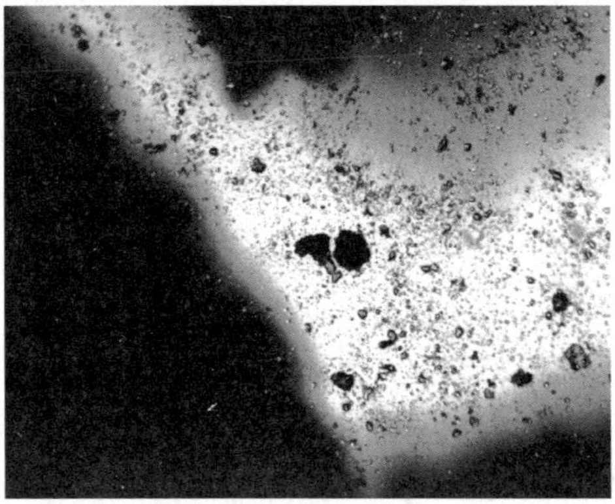

图 2-13　10 倍光学显微镜下沥青裹覆集料状态

2.2.4 拌和控制参数

(1) 拌和方法

按照交通部 2004 年颁布实施的《公路沥青路面施工技术规范》(JTG F40—2004)中规定的乳化沥青冷拌混合料拌制方法：宜先用水使集料润湿，再注入设计的沥青乳液用量进行拌和，机器拌和控制在 30s 内，人工拌和控制在 60s。对材料的 pH 值、水蒸气的吸附动力学、不同组合“水泥-沥青-水”系统强度的试验研究，以及 X 射线结构和热图像记录分析都证实了生产水泥乳化沥青混合料时水化作用过程的存在，当采用水泥组合料和乳化沥青分别制取后再混合时的水化作用程度最高[164]。通过以上研究并参考一些学者对水泥乳化沥青混合料拌和时加料顺序的研究[7,46]，得出和易性较好的材料拌和方法如下：按前面确定好的原材料配合比方案称取所需的集料、水泥、水和乳化沥青，先将集料和水泥倒入拌和器拌和，再将水加入拌和，接着加入乳化沥青拌和。材料拌和过程扭矩值通过拌和测试设备中的扭矩传感器及配套的数据采集软件自动记录。

(2) 含水率

含水率对材料的和易性有较大的影响。MOH材料中水分的存在使它具有流变的固有特性，施工过程中加水量的多少影响着水泥的水化情况，且适当量的水可以降低材料的黏度[164]。当含水率过小时，乳化沥青难以分散均匀，集料颗粒之间润滑不足，摩阻力较大，材料和易性表现较差，出现散料情况，见图2-14。而材料最终黏结状态的形成快慢又取决于水分析出的进程，当含水率过大时，材料中细料聚集，粗细料出现离析现象，材料呈稀浆状态，见图2-15。因此需要避免材料拌和时加水量过大，因为沥青在水湿表面流动最好的条件是水膜厚度与吸附水层相等[164]，必须严格控制材料的拌和含水率。

图2-14　含水率过小材料

图2-15　含水率过大材料

因该材料主要是为高寒地区常温路面施工而设计，考虑到不同季节温度的变化，本次试验温度分别设定为10℃、25℃和40℃。而不同温度材料所需的拌和用水量(即含水率)是不同的。

10℃、25℃和40℃时的材料含水量均取6%时出现的拌和后状态分别如表2-13中A、B、C所示。状态A和C时不适合摊铺和压实，材料外观状态分别对应图2-15和图2-14。如图2-16所示，相应的低温和高温拌和扭矩值分别为21.3N·m和34.7N·m，状态B才是材料含水率在合适时的拌和状态，相应的拌和扭矩值为26.8N·m。因此低温下需要适当减小含水率，高温下需要适当增加含水率，经过室内反复试验，确定出10℃的最佳含水率为5.25%，扭矩值增加为25.2N·m，40℃时的最佳含水率为6.5%，扭矩值减小为30.6N·m。此时对应的材料拌和状态满足 2.2.3 节关于拌和和易性较好状态的判定方法。

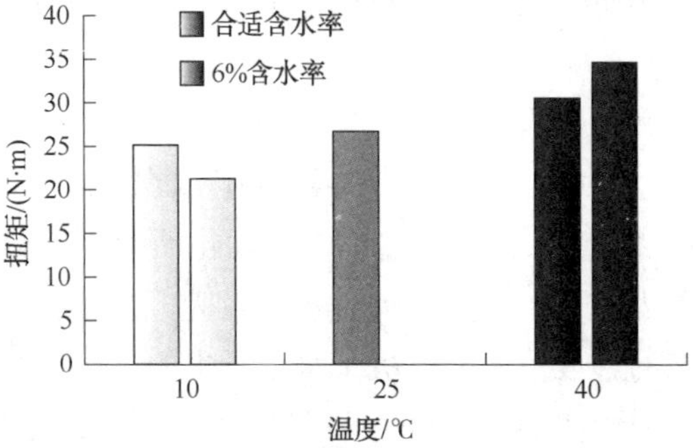

图 2-16　不同温度材料和完扭矩值

表 2-13　材料不同时的拌和状态

等级	拌和后材料的状态描述
A	自由水较多，乳化沥青未破乳(呈褐色)，材料呈稀浆状
B	表面湿润，乳化沥青正在破乳(呈黑褐色)，材料呈胶团状
C	表面干涩，乳化沥青已完全破乳(呈黑色)，没有黏结性

(3) 拌和速度[161]

本小节的研究内容为拌和速度对材料拌和性能的影响，本次试验温度设定为常温 25℃，试验转速设计为 250r/min、300r/min、320r/min、350r/min 和 380r/min，材料加水拌和时间设为 15s，拌和后采用旋压 200 次成型，放入 60℃烘箱烘 48h，测定成型试件的抗压强度和空隙率分别见图 2-17(a)和(b)。由图 2-17 可知，当拌和速度过小时，材料拌和均匀性较差，拌和质量较差，所得试件的空隙率较大，抗压强度较小；当拌和速度过大时，材料的离心力大，材料中不同粒径矿料颗粒的惯性力不同且大于和叶片间的摩擦力时，以不同的速度抛离叶片而造成了材料的离析，拌和均匀性变差，使压实后的试件抗压强度变小，空隙率增大。当拌和速度在 300～350r/min 时，材料试件的空隙率较小，抗压强度较大，材料的拌和质量与其他拌和速度相比较好，且拌和速度在 350r/min 时，试件的抗压强度最大，空隙率最小，因此，材料的最佳拌和速度范围为 300～350r/min，且拌和速度为 350r/min 时，材料的拌和质量最好。

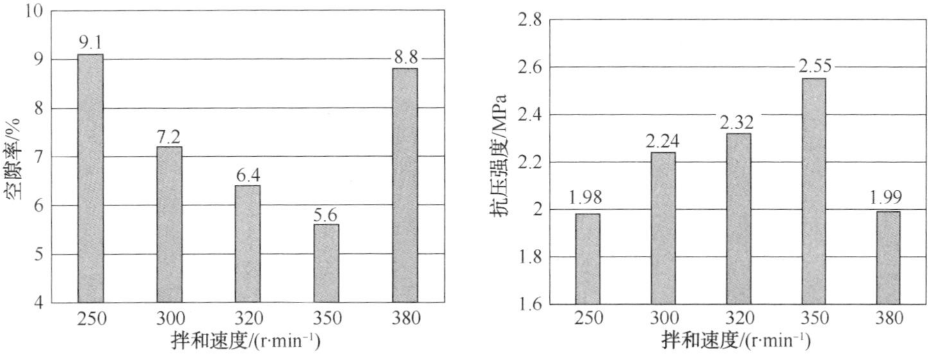

(a)拌和速度对空隙率的影响 (b)拌和速度对抗压强度的影响

图 2-17 拌和速度对材料压实特性的影响

（4）拌和时间

一般情况下，材料的匀质性是随着搅拌时间的延长而提高，但搅拌时间超过某一限度后，材料的匀质性便无明显改善了，搅拌时间过长，不但会影响生产率，而且对混凝土的强度提高也无益处，甚至由于水分的蒸发和较软骨料被长时间的研磨而破碎变细，还会引起材料工作性能的降低，影响材料的施工质量。

图 2-18 为 10℃、25℃和 40℃材料拌和 20s 时的扭矩变化情况，由图可知，三个温度下材料拌和 7s 之前扭矩值总体呈上升趋势，说明随着拌和时间的增加，材料中的乳化沥青逐渐破乳，沥青分子的黏性作用开始逐步发挥作用；7～9s 扭矩值呈下降趋势，说明破乳析出水分的润滑作用减小了材料整体的黏度；9s 之后扭矩值开始增加，说明材料已基本完成破乳，沥青分子的黏性作用和水泥的水化反应使得材料的黏度开始增加；直到 12s 之后材料扭矩值随时间的变化不太显著，且三个温度下拌和 12s 时材料浆态和沥青裹覆集料状态均满足 2.2.3 节中关于拌和均匀性的判定方法，因此三个温度下拌和时间均确定为 12s。该拌和时间可为后续实际路面施工中拌和摊铺一体机拌和器的转速、拌和时间的确定以及螺旋布料器的转速控制提供参考。

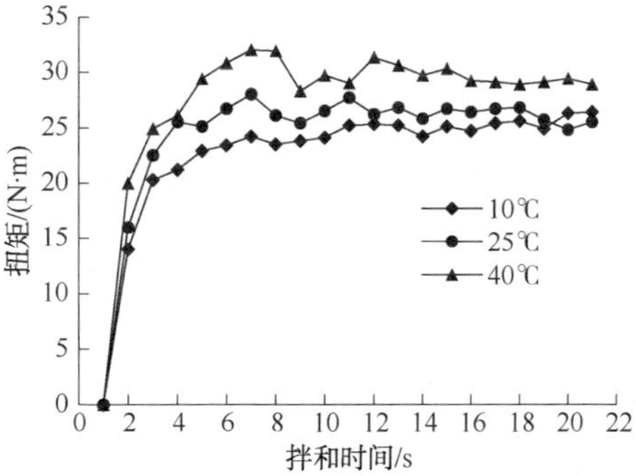

图 2-18 材料拌和过程扭矩值变化曲线

2.3 摊铺初始密实度的确定

冷拌冷铺沥青混合料的压实试验表明，随着摊铺机振动和振捣功能的作用，材料的黏性作用逐渐发挥，开始形成一定的初始密实度。初始密实度过小时，路面经压路机初压时易产生推移和开裂；初始密实度过大时，压路机钢轮容易发生黏轮。也即要求材料在压路机碾压前应具备一定的初始密实度和强度，但黏度不能太大。本节分析不同温度下摊铺初始密实度对压实特性的影响，确定出的最佳初始密实度可为摊铺机振动和振捣频率的选择提供设计依据。

2.3.1 试验条件

试验温度分别为常温 25℃、低温 10℃和高温 40℃，水泥和集料均需采用低温和高温试验装置分别养生，低温模拟装置采用温控冰箱，见图 2-19，高温模拟装置采用高温烘箱，见图 2-20。乳化沥青采用水浴养生，拌和前将水泥、集料和乳化沥青养生 12h 以上。采用的拌和仪器为图 2-9 所示的 MOH 材料拌和和易性测试设备，拌和方法见 2.2.4 节，拌和的顺序为：先将集料和水泥倒入拌和器拌和，再将水加入拌和，接着加入乳化沥青以转速为 350r/min 拌和 12s，材料装模质量为 3kg，压实采用 2.1.3 节介绍的旋转压实成型法。

图 2-19 10℃试验模拟装置

图 2-20 40℃试验模拟装置

2.3.2 摊铺初始密实度的计算

在实际路面施工工序中，路面材料要先经过摊铺机的摊铺再使用压路机进行压实，而选用不同的摊铺机振捣梁和振动器的频率参数组合对材料的初始密实度会有不同程度的影响，故将选用不同摊铺机施工工艺参数组合的初始密实度的模拟旋压次数定义为初压次数，在本次试验中初压次数分别设定为 $n=0$ 次、10 次、20 次和 30 次，将不同温度下材料经不同初压次数形成的材料密实度称为摊铺初始密实度。

初压任意次数时的密实度计算方法如下：

$$K_{mb}=\frac{G_{mb}}{G_{mm}}\times 100\% \tag{2-4}$$

$$K_x=\frac{K_{mb}\times H}{H_x}\times 100\%=\frac{G_{mb}\times H}{G_{mm}\times H_x}\times 100\% \tag{2-5}$$

式中：K_{mb} 为材料经初压后旋压 180 次形成的最终密实度；K_x 为材料经任意初压次数时的密实度；G_{mb} 为旋压 180 次时材料达到的毛体积密度，$g\cdot cm^{-3}$；G_{mm} 为材料的最大理论密度，$g\cdot cm^{-3}$；H 为材料经初压后旋压 180 次时的高度，cm；H_x 为初压任意次数时的材料高度，cm。

表 2-14 所示为三个温度下不同初压次数对应的初始密实度数据。

表 2-14　不同初压次数形成的初始密实度

密实度/%（初压次数 / 温度/℃）	0	10	20	30
10	83	83.8	84.3	85.2
25	84.2	84.6	85.0	86.1
40	84.5	85.3	85.9	86.6

2.3.3　摊铺初始密实度对压实特性的影响

（1）初始密实度对抗压强度的影响

将不同温度材料经不同初压次数后旋压 180 次形成的试件通过万能试验机测定抗压强度值，测试方法见 2.1.1 节。图 2-21 所示为 10℃、25℃和 40℃三个温度下不同摊铺初始密实度对材料压实后抗压强度值的影响。10℃时抗压强度值随着初始密实度的增加先增大后减小，平均值为 2.51MPa，初始密实度为 84.3%的材料经复压后的试件抗压强度值达到最大值 2.63MPa；25℃时抗压强度值随着初始密实度的增加先增大后减小，平均值为 2.59MPa，初始密实度为 85%的材料经复压后的试件抗压强度值达到最大值 2.76MPa；40℃时抗压强度值随着初始密实度的增加逐渐增大，平均值为 2. 74MPa，初始密实度为 86. 6%的材料经复压后的试件抗压强度值达到最大值 2. 9MPa。

整体上随着温度的增加，材料成型试件抗压强度呈现逐渐增大的规律，是因为温度的增加会促进材料空隙间水分的蒸发，从而加速材料颗粒的相对位移和沥青分子作用力的发挥，使得材料形成更密实的黏聚接触空间结构，最终导致其成型试件抗压强度的增加。

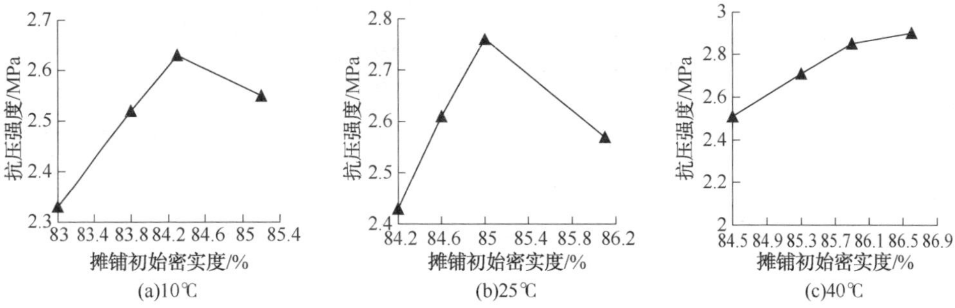

图 2-21　初始密实度对试件抗压强度的影响

（2）初始密实度对空隙率的影响

对 10℃、25℃和 40℃三个温度下的材料经不同初压次数后旋压 180 次形成的试件通过万能试验机测定试件空隙率，测试方法见 2. 1. 1 节。图 2-22 所示为三个温度下不同摊铺初始密实度对材料压实后试件空隙率值的影响。三个温度下材料成型试件的空隙率值均随着初始密实度的增加逐渐减小。10℃的空隙率平均值为 7. 31%，初始密实度为 85. 2%的材料经旋压后空隙率达到最小值 7. 1%；25℃时空隙率的平均值为 7. 12，初始密实度为 86. 1%的材料经旋压后空隙率值达到最小值 6. 98%；40℃时空隙率的平均值为 6. 16%，初始密实度为 86. 6%的材料经旋压后的空隙率值达到最小值 5. 9%。

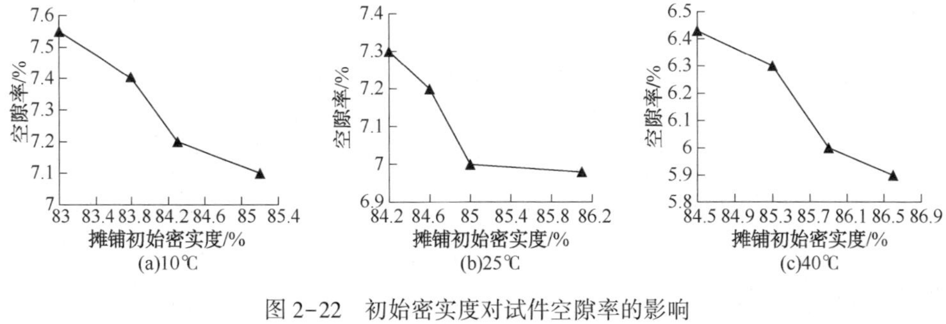

图 2-22　初始密实度对试件空隙率的影响

整体上随着温度的增加，材料成型试件空隙率逐渐下降，特别是温度从25℃继续上升到40℃时空隙率大幅度减小，这同样是因为温度的快速上升导致的乳化沥青破乳加快和沥青黏度较快发挥作用的结果。

(3) 方差分析

现将10℃、25℃和40℃三个温度下初始密实度对试件抗压强度和空隙率的影响进行无重复双因素方差分析，分析结果分别见表2-15和表2-16，由表可知，温度和摊铺初始密实度均对抗压强度值和空隙率值有非常显著的影响。

表2-15 摊铺初始密实度对试件抗压强度影响的方差分析

方差来源	平方和	自由度	均方和	*F* 值	临界值	显著性
初始密实度	0.3655	3	0.1218	49.1109	$F_{0.05}(3, 6)=4.76$	**
温度	3.0633	2	1.5317	617.4658	$F_{0.05}(2, 6)=5.14$	**
误差	0.0149	6	0.0025			
总和	3.4437					

表2-16 摊铺初始密实度对试件空隙率影响的方差分析

方差来源	平方和	自由度	均方和	*F* 值	临界值	显著性
初始密实度	0.1724	3	0.0575	15.125	$F_{0.05}(3, 6)=4.76$	**
温度	0.1133	2	0.0566	14.9035	$F_{0.05}(2, 6)=5.14$	**
误差	0.0228	6	0.0038			
总和	0.3085					

结合图2-21和图2-22可得：整体上随着温度的增加，材料成型试件抗压强度逐渐增大，空隙率逐渐下降，从而认为最佳的拌和温度是40℃。以评价材料路面压实特性的主控指标抗压强度值为主，结合表2.10中初始密实度数据可知，压路机压实施工前是需要摊铺初始密实度的，初始密实度的合理范围为83%~87%。温度对初始密实度有一定的影响，但不敏感。据此摊铺初始密实度数值可为该材料在不同温度施工时摊铺机振动频率和振捣频率的选择提供设计依据。

2.4 压实时机的确定

材料经初压后放置时间的不同会影响材料中水分的蒸发、水泥的水化程度和沥青分子对矿料的黏附，从而影响材料的黏聚力，进而最终影响到材料的成型强度。同时，压实时机的合理选择可避免压路机碾压时材料出现推移、黏轮等现象，因此，有必要分析和研究不同温度下材料经初压后放置不同时间进行压实的压实特性。

2.4.1 试验条件

采用的拌和仪器为图 2-9 所示的 MOH 材料拌和和易性测试设备，拌和方法见 2.2.4 节，拌和的顺序为：先将集料和水泥倒入拌和器拌和，再将水加入拌和，接着加入乳化沥青以转速为 350r/min 拌和 12s，压实采用 2.1.3 节介绍的旋转压实成型法。

2.4.2 试验方案

材料拌和完成后先模拟摊铺机初压，10℃和 25℃时初压 20 次，40℃时初压 30 次，使材料达到一定的初始密实度，再模拟压路机压实 180 次。将材料初压后放置不同时间定义为压实时机，试验中配料 5 份，分别设置压实时机为 0min、10min、20min、30min、40min，每份料可制备 3 个试件，共压实成型 15 个试件，压实采用旋转压实仪见图 2-9，但由于受旋转压实仪数量的限制，实际得到的压实时机为 5min、13min、15min、17min、19min、25min、30min、35min、39min、43min、46min、51min、55min、63min，共 14 种。

2.4.3 压实时机对压实特性的影响

(1) 压实时机对抗压强度的影响

图 2-23 所示为 10℃、25℃和 40℃三个温度下材料成型试件抗压强度随压实时机的变化情况。总体上在此三个温度下抗压强度值随着压实时机的增加先增大后逐渐减小。40℃时 40min 后的抗压强度值呈现出一定程度的波动，将三个温度下压实时机对抗压强度值的影响进行方差分析，分析结果见表 2-17，由表可知，压实时机和温度均对抗压强度值有非常显著的影响。因此，应对三个温度下的抗压强度值进行数据离散性分析。由表 2-18 数据离散性分析结果可得：10℃时压实时机范围处于 13～19min 时，数据波动不大，离散性较小，平均值达到 2.49MPa，17min 时抗压强度值达到峰值 2.54MPa，30min 后抗压强度值逐渐减小；25℃时压实时机范围处于 19～39min 时，数据波动不大，离散性较小，平均值达到 2.65MPa，35min 时抗压强度值达到峰值 2.71MPa；40℃时压实时机范围

处于 13~25min 时，数据波动不大，离散性较小，平均值达到 2.78MPa，15~17min 时抗压强度值达到峰值 2.85MPa。

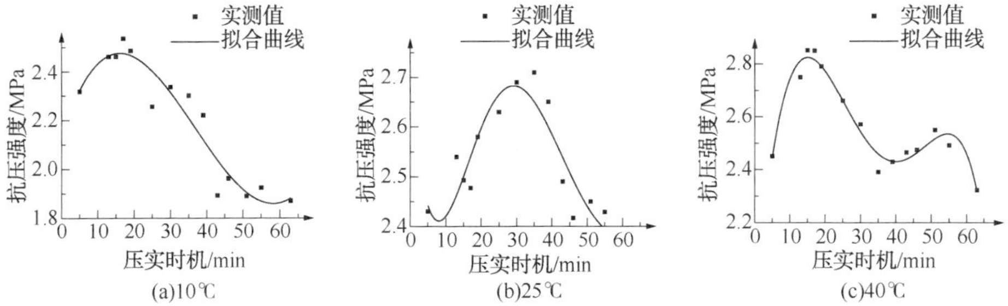

图 2-23　试件抗压强度随压实时机变化曲线

表 2-17　抗压强度方差分析结果

方差来源	平方和	自由度	均方和	*F* 值	临界值	显著性
压实时机(A)	0.8698	13	0.0669	3.4680	$F_{0.05}$(13，26)= 2.1192	**
温度(B)	1.1073	2	0.5536	28.6974	$F_{0.05}$(2，26)= 3.3690	**
误差	0.5016	26	0.0193			

表 2-18　抗压强度数据离散性分析

温度/℃	压实时机/min	抗压强度均值/MPa	方差	标准差
10	13~19	2.49	0.00122	0.03498
25	19~39	2.65	0.00262	0.05119
40	13~25	2.71	0.00636	0.07977

(2) 压实时机对空隙率的影响

图 2-24 所示为 10℃、25℃和 40℃三个温度下材料成型试件空隙率随压实时机的变化情况。总体上 25℃时空隙率值随着压实时机先减小后增大，10℃和 40℃时空隙率值随着压实时机的增加而逐渐增大。将三个温度下压实时机对空隙率值的影响进行方差分析，分析结果见表 2-19，由表可知，压实时机和温度均对空隙率值有显著影响。对三个温度下的空隙率值进行数据离散性分析，由表 2-20 分析结果可得：10℃时压实时机范围处于 13~19min 时，数据波动不大，离散性较小，平均值达到 6.99%，17min 时空隙率为 7%；25℃时压实时机范围处于 19~39min 时，数据波动不大，离散性较小，平均值为 6.84%，35min 时空隙率为 6.8%；40℃时压实时机范围处于 13~25min 时，数据波动不大，离散性较

小，平均值达到5.97%，15~17min时空隙率平均值为5.92%。

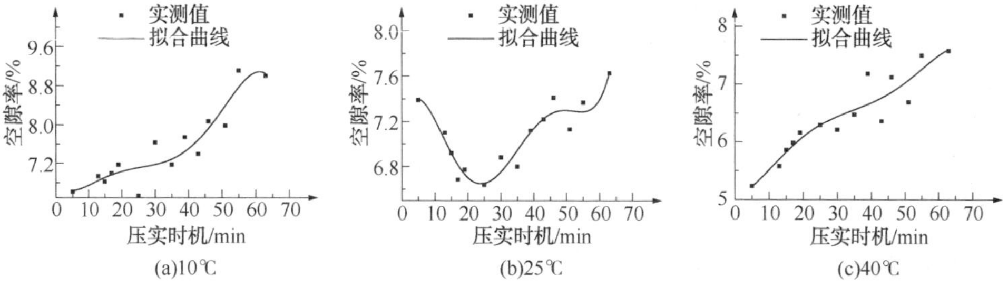

图2-24 试件空隙率随压实时机变化曲线

表2-19 空隙率方差分析结果

方差来源	平方和	自由度	均方和	F值	临界值	显著性
压实时机(A)	11.8948	13	0.9150	5.7724	$F_{0.05}(13, 26)=2.1192$	**
温度(B)	8.1324	2	4.0662	25.6526	$F_{0.05}(2, 26)=3.3690$	**
误差	4.1213	26	0.1585			

表2-20 空隙率数据离散性分析

温度/℃	压实时机/min	空隙率均值/%	方差	标准差
10	13~19	6.99	0.02123	0.14571
25	19~39	6.84	0.03155	0.17763
40	13~25	5.97	0.07521	0.27425

(3) 最佳压实时机的确定

以评价压实和易性的主控指标抗压强度值为主，通过对不同温度下不同压实时机对材料压实特性的影响分析得出：温度和压实时机对该材料的压实特性影响都很显著。10℃时的最佳压实时机范围为13~19min，相应的抗压强度均值为2.51MPa，空隙率为6.99%；25℃时的最佳压实时机范围为15~35min，相应的抗压强度均值为2.55MPa，空隙率为6.78%；40℃时的最佳压实时机范围为15~30min，相应的抗压强度均值为2.71MPa，空隙率为6.10%。由此可知，在温度为10~40℃之间，温度越高，材料的抗压强度值越大，空隙率越小，即材料压实特性越好，最佳的压实温度是40℃。该压实时机的提出可为路面施工时压路机的等待时间和压实速度的确定提供指导。

2.5 压实参数的确定[165]

2.5.1 旋压角对抗压强度的影响

(1) 试验条件

拌和方法和压实方法见 2.4.1 部分试验条件。

(2) 试验方案

压实温度设定为 25℃，压实时机 30min。设置旋压角范围 1.15°~1.45°，各角度下均制备三组平行试件，分别经初压 20 次、复压 180 次成型，采用 2.1.1 节方法测试材料试件抗压强度，试验结果见图 2-25。

(3) 试验结果分析

由图 2-25 可知，试件抗压强度随旋压角增大近似呈线性下降趋势。当旋压角增至 1.30°左右时，试件抗压强度值低于设计要求 2.4MPa，故适宜的旋压角范围为 1.15°~1.30°。

2.5.2 旋压角对空隙率的影响

(1) 试验条件

拌和方法和压实方法见 2.4.1 部分试验条件。

(2) 试验方案

试验方案参见 2.5.1 部分，采用 2.1.1 节方法测试材料试件空隙率值，试验结果见图 2-26。

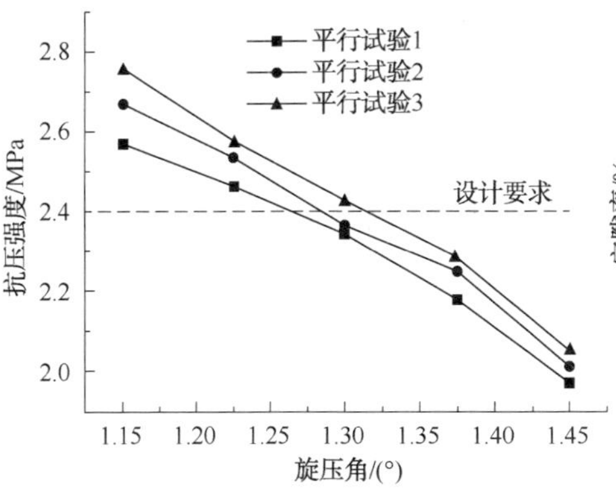

图 2-25 抗压强度随旋压角的变化曲线

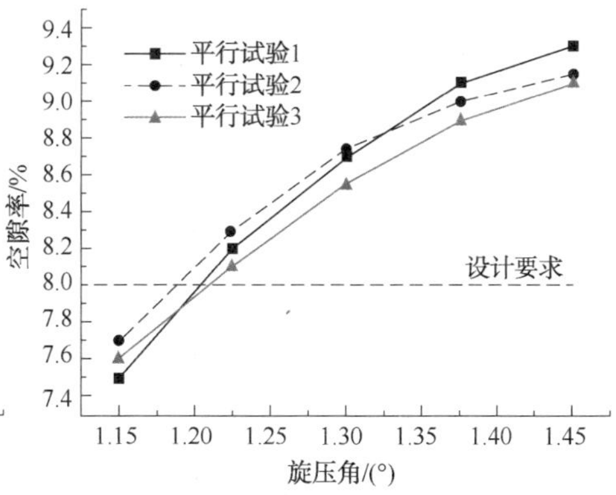

图 2-26 试件空隙率随旋压角的变化曲线

(3) 试验结果分析

由图 2-26 可知，试件空隙率随旋压角增大呈整体上升趋势，且增大幅度逐渐放缓。当旋压角增至 1.20°左右时，试件空隙率超过设计容许值 8%。由此可见，小的旋压角有利于降低空隙率，提高试件的密实程度，故该材料压实适宜的旋压角范围为 1.15°~1.20°。比较小的旋压角体现在压实施工的工艺参数上即为压路机的振幅不宜过大，过大时不利于矿料、沥青和水泥水化产物的三维黏附集聚状态的形成。

2.6 压实密实度的确定

压实的目的是提高材料成型路面的强度、稳定性、疲劳特性、抗车辙能力和耐久性。实践证明，若压实不足，会出现车辙；而过压将会使集料破碎而使空隙率过小，易出现泛油和失稳，影响路面的强度和稳定性[166]。现将模拟压路机压实的旋转压实次数定义为压实模拟次数，不同压实模拟次数对应的密实度即为压实密实度，这一节研究常温下不同压实密实度对材料压实特性的影响，确定出最佳的压实密实度，从而指导常温下材料压实功的计算和压路机工艺参数的确定。

2.6.1 试验条件

拌和方法和压实方法见 2.4.1 部分试验条件。

2.6.2 试验方案

为检验压实模拟 180 次是否会对材料形成过压，设计一组试验求得最佳的压实模拟次数，以及最佳的压实密实度。试验在环境温度 25℃下进行，材料装模质量为 3kg。利用旋转压实仪初压 20 次后等待 35min 进行压实模拟，设定压实模拟次数分别为 100 次、120 次、140 次、160 次和 180 次，每种方案下成型两个试件。

2.6.3 试验数据分析

图 2-27 为抗压强度和空隙率随压实模拟次数变化的曲线图，通过表 2-21 和表 2-22 压实模拟次数对抗压强度和空隙率影响的方差分析可知，压实模拟次数对抗压强度和空隙率均有显著影响。抗压强度值随压实模拟次数的增加先增大后

减小，当压实次数为140次时抗压强度达到峰值2.99MPa，空隙率值随压实模拟次数的增加逐渐减小。由此可见，压实次数的增加会使得材料越来越密实，但当材料密实达到一定程度时进一步增加压实次数会导致抗压强度值的下降。以抗压强度值为主控指标，说明材料经摊铺模拟初压20次后再进行压路机模拟的最佳压实次数为140次，继续增加压实次数会对材料形成过压。

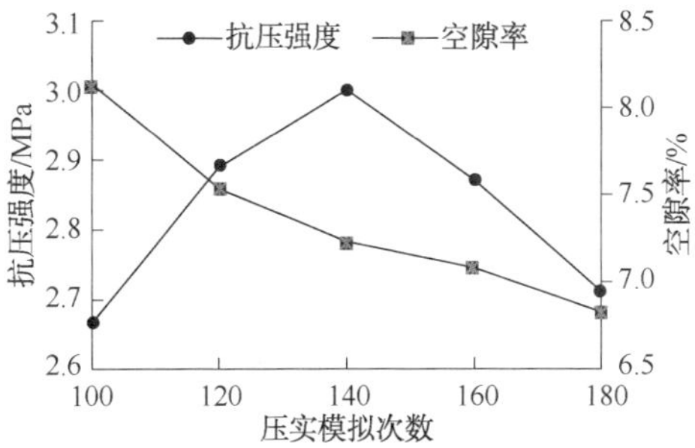

图 2-27 压实模拟次数对抗压强度和空隙率的影响

表 2-21 压实模拟次数对抗压强度影响的方差分析

方差来源	平方和	自由度	均方和	F 值	临界值	显著性
组间	0.1482	4	0.03704	9.26	$F_{0.05}(2, 6)=5.1922$	*
组内	0.02	5	0.004			
总和	0.16816	9				

表 2-22 压实模拟次数对空隙率影响的方差分析

方差来源	平方和	自由度	均方和	F 值	临界值	显著性
组间	1.97346	4	0.493365	6.2246	$F_{0.05}(2, 6)=5.1922$	*
组内	0.3963	5	0.07926			
总和	2.36976	9				

2.6.4 压实临界密实度

将空隙率数据转化为密实度，即可得到密实度对抗压强度的影响关系曲线，见图2-28。由图可知，材料抗压强度随着密实度的增加呈现先增大后减小的趋势，在空隙率为7.23%（即密实度为92.77%）时抗压强度值达到峰值3MPa。在密实度92.77%之前材料的密实度增加使材料的抗压强度值增加，超过此密实度后，材料密实度的增加会导致材料的抗压强度减小。这是因为，由材料的强度形成机理可知，强度由矿料间的嵌锁力及沥青和矿料间的黏聚力构成。在临界密实度之前，随着水分的逐渐蒸发，沥青对矿料的黏附作用逐渐增大，矿料颗粒逐渐靠近、黏结，使得黏聚力及嵌锁力逐渐增大，最终使材料的强度逐渐增大。超过临界密实度后，因矿料颗粒间过分嵌挤，导致由裹覆矿料的沥青膜及水化产物形成的网状结构破坏，黏聚力减小，甚至使矿料颗粒的级配发生改变，使得材料强度变小。即92.77%可称为与最高抗压强度相应的临界密实度，由于试验数据点相对较少以及试验过程中难以避免的误差等客观因素，在此临界密实度范围取为[92.5，93]，达到该密实度范围的材料，黏聚接触状态和空间结构均达到了最佳，该临界密实度范围的提出为防止材料路面的过压和欠压提供了理论依据。

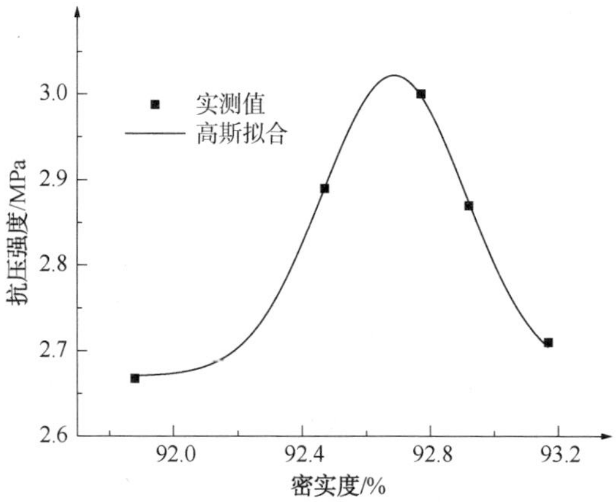

图 2-28　压实密实度对抗压强度的影响

2.7　室内压实松铺系数的确定

在路面摊铺和压实过程中，松铺系数[167]是一个重要的技术参数，它受到许多因素的影响，具有极强的不稳定性，如果松铺系数控制得过大，使铺筑层变厚，不仅造成材料、人工、机械台班的浪费，而且影响压实效果；松铺系数控制得过小，使铺筑层变薄，同时影响结构层的强度，在该处容易造成疲劳破坏，影响整个路面的使用寿命。因此在进行路面压实试验前应通过室内压实试验对松铺系数进行初步的确定。

2.7.1　试验条件

拌和方法和压实方法见 2.4.1 部分试验条件。

2.7.2 试验方案

在低温（10℃）、常温（25℃）和高温（40℃）条件下，10℃和25℃试样初压20次，40℃试样初压30次后，10℃、25℃、和40℃时的最佳压实时机分别确定为17min、35min和15min，然后利用旋转压实仪压实140次成型试件，试件初始高度与终了高度分别设定为h_1、h_2。松铺系数$n=\frac{h_1}{h_2}$。

2.7.3 试验数据分析

（1）原始数据

表2-23所示为三个温度下（10℃、25℃和40℃）材料在最佳压实时机时的松铺系数原始数据。

表2-23 松铺系数原始数据

试样	低温（10℃）			常温（25℃）			高温（40℃）		
	压实开始高度/mm	压实终了高度/mm	松铺系数	压实开始高度/mm	压实终了高度/mm	松铺系数	压实开始高度/mm	压实终了高度/mm	松铺系数
1	88.6	72.2	1.227	88.3	69.6	1.269	88.2	68.6	1.283
2	89.0	72.5	1.228	88.3	69.4	1.273	87.6	68.3	1.284
3	88.6	72.6	1.221	87.5	69.2	1.265	88.1	68.7	1.284
4	89.1	72.8	1.224	88.7	69.7	1.272	88.0	68.4	1.287
5	89.0	72.5	1.227	89.2	70.2	1.271	88.4	68.5	1.282
6	89.3	72.3	1.235	87.9	69.3	1.268	87.9	68.2	1.283

（2）数据处理结果

图2-29所示为三个温度下（10℃、25℃和40℃）各试样松铺系数取值情况，通过对表2-23中的原始数据进行双因素无重复试验方差分析，分析过程和结果见表2-24，由表可知，各试样数据对松铺系数无显著影响，温度对松铺系数有非常显著的影响。通过表2-25对松铺系数值进行离散性分析得出：三个温度下的松铺系数数据波动不大，离散性较小。低温10℃时的平均松铺系数为1.227，常温25℃时的平均松铺系数为1.27，高温40℃时的平均松铺系数为1.286。

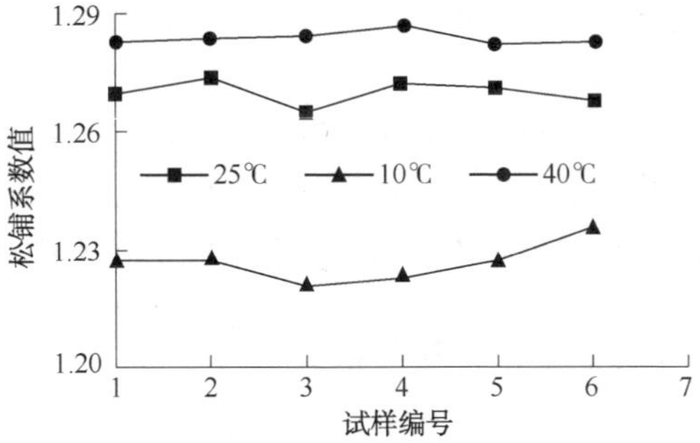

图 2-29 室内压实松铺系数取值

表 2-24 松铺系数方差分析表

方差来源	平方和	自由度	均方和	F 值	临界值	显著性
试样	5.66×10^{-5}	5	1.13×10^{-5}	1.19682	$F_{0.05}(3, 6)=3.325835$	
温度	0.01029	2	0.005145	544.0137	$F_{0.05}(2, 6)=4.102821$	**
误差	9.46×10^{-5}	10	9.46×10^{-5}			
总和	0.010441	17				

表 2-25 松铺系数数据离散性分析

温度/℃	松铺系数均值	方差	标准差
10	1.227	0.00002	0.00469
25	1.27	0.00001	0.00311
40	1.286	0.00001	0.00344

(3) 试验结论

根据室内试验数据处理结果，确定出常温下室内压实松铺系数计算值为1.27，因考虑到受环境温度、湿度和试验装置等客观因素的影响，室内压实松铺系数取值为1.26~1.28，可为后续路面压实试验材料松铺高度的确定、螺旋布料器的速度控制和调平系统的调平性能提供设计参考和控制要求。

2.8 小结

(1)基于摩尔强度形成机理，分析了拌和、摊铺和压实工艺对材料强度形成过程的作用机理。采用正交试验确定出常温下 MOH 材料中水泥、乳化沥青和水的配合比方案，通过室内试验分析施工控制参数对该材料压实特性的影响，确定出该材料最佳含水率、拌和速度、拌和时间、摊铺初始密实度、压实时机、旋压角、压实临界密实度和松铺系数，为施工设备参数的设计和控制以及制定施工工法和规范提供参考和指导。

（2）分析材料的拌和和易性的影响因素，包括拌和方法、含水率、拌和速度和拌和时间等，推荐了判定材料拌和和易性的方法，确定出了10℃、25℃和40℃时材料含水率分别为5.25%、6%和6.5%，最佳拌和速度为350r/min，拌和时间均为12s。

（3）通过分析10℃、25℃和40℃三个温度下不同摊铺初始密实度对材料试件抗压强度值的影响可知，压路机压实施工前是需要摊铺初始密实度的，初始密实度的合理范围为83%~87%。温度对初始密实度有一定的影响，但不敏感。据此摊铺初始密实度数值可为该材料在不同温度施工时摊铺机振动频率和振捣频率的选择提供设计依据。

（4）通过对不同温度下不同压实时机对材料压实特性的影响分析得出：10℃、25℃和40℃时的最佳压实时机范围分别为13~19min、19~39min、13~25min，该压实时机的提出可为路面施工时压路机的等待时间和压实速度的确定提供指导。

（5）通过分析旋压角对材料成型试件抗压强度和空隙率的影响得出，旋压角的最佳范围为1.15°~1.20°，说明在路面施工时压路机的振幅设置不宜过大。

（6）通过将不同压实密实度对材料压实特性的影响分析，得出最佳的压实密实度范围为[92.5，93]，称为压实临界密实度，进一步增加密实度会对材料形成过压，导致抗压强度值下降。该临界密实度概念的提出为该材料路面的合理压实提供了重要的理论指导。

（7）通过室内压实试验确定出10℃、25℃和40℃时的松铺系数平均值分别为1.227、1.270和1.286，考虑客观因素的影响，室内压实松铺系数取值为1.26~1.28，可为后续路面压实试验材料松铺高度的确定、螺旋布料器的速度控制和调平系统的调平性能提供设计参考和控制要求。

3 MOH 材料路用性能

MOH 材料属于刚柔耦合材料，但其主要偏于柔性，因此拟采用沥青混合料的一系列评价方法来评价 MOH 材料的各项性能。路用性能检测主要包括五部分内容：抗压回弹模量、高温稳定性、低温抗裂性能、抗水损害性能和疲劳性能。本次路用性能测试试验条件如下：材料原材料级配组成见 2. 1. 2 节，配合比采用由 2. 2. 4 节得出的最优配合比方案，即水泥含量为 2%，油石比为 4. 5%，总含水率为 6%。拌和方法和压实方法见 2. 4. 1 部分试验条件，旋转压实模拟次数为 140 次。

3. 1 材料抗压回弹模量

路面材料的抗压回弹模量是反映路面材料力学性质的主要指标，也是路面结构设计中进行力学验算和厚度计算的一个重要参数[168]。MOH 材料作为刚柔相兼的特殊结构材料，抗压回弹模量值是能区分刚柔程度的主要标尺，是 MOH 材料的一个主要控制指标。

图 3-1　抗压回弹模量试验

由于测试应变方法的不同，回弹模量的测试方法有多种，目前采用较多的有顶面法、侧面法、承载板法。本研究采用现行规程的顶面法进行试验，试件的成型方式参照前节确定的方法。

试验仪器采用 UTM 大型精密材料试验机，两侧位移传感器采用线性位移传感器 LVDT (Linear Variable Differential Transducers)，具体试验过程见图 3-1。

试验温度为 20℃，将试件以 2mm/min 的速率加载至最大破坏应力 P，试验时将荷载分为 7 级，加载范围为：$0.1P \sim 0.7P$，采用逐级加载-卸载，以

2mm/min 的加载速率加到预定荷载后直接卸载，然后稳定 30s，测出加载后变形及卸载后变形，计算回弹变形 ΔL。

绘制各级荷载的压强 q_i与回弹变形 ΔL_i，将 q_i-ΔL_i关系绘成一平顺的连续曲线，使之与坐标轴相交得出修正原点，根据此修正原点坐标轴从第 5 级荷载(0.5P)读取压强 q_5及相应的 ΔL_5，进一步计算抗压回弹模量，计算结果见表 3-1。

$$q_i = \frac{4P_i}{\pi d^2} \tag{3-1}$$

$$E' = \frac{q_5 \times h}{\Delta L_5} \tag{3-2}$$

式中，q_i为相应与各级试验荷载 P_i作用下的压强，MPa；P_i为施加于试件的各级荷载值，N；E'为抗压回弹模量，MPa；q_5为相应于第 5 级荷载(0.5P)时的荷载压强，MPa；h 为试件轴心高度，mm；ΔL_5为相应于第 5 级荷载(0.5P)时经原点修正后的回弹变形，mm。

表 3-1 抗压回弹模量试验结果

序号	温度/℃	抗压回弹模量/MPa	平均值/MPa
1	15	1323	1361
2		1244	
3		1398	
4		1479	
5	20	1068	1063
6		1173	
7		978	
8		1033	

通过对实验数据进行对比分析，试件 15℃抗压回弹模量大于 20℃抗压回弹模量，可以看出由于温度升高导致材料抗压回弹模量降低，但降低幅度比传统沥青混凝土要小。分析其原因为：水泥对温度变化的敏感性低，它的加入使得原本依据沥青进行胶接的沥青混合料的温度敏感性降低。

3.2 材料高温性能评价

传统的热沥青混合料[168]是一种典型的黏弹塑性材料，它的劲度和劲度模量随着温度的升高而降低，所以在夏季高温和交通荷载的作用下，沥青路面易产生车辙、拥包等永久性病害，使得路面的平整度明显降低，从而影响路面的行车舒适性；而且坑槽易积水，除了加速路面的破坏之外，还会对行车安全造成很大的威胁。因此，车辙严重影响了路面的使用寿命和服务质量，已经成为目前路面损坏形式中最为突出的一个问题。

3.2.1 试验仪器

由于通过室内车辙试验往复加载荷载确定沥青混合料抵抗高温性能，与车辆荷载实际作用相差较大，无法对路面各结构层在行车荷载作用下的变形规律进行研究。室内外各种大型加速加载试验设备，包括各种环道、直道等进行的足尺路面结构模拟试验，其试验结果可以较真实地反映实际路面的车辙发展状况，但这类试验的缺点是难度大、试验复杂、温度难以控制，而且试验费用较高。另外，对于环道试验机本身来说，与实际轮胎/路面作用机理并不完全一致，同时也缺乏相关的试验检测标准和方法。

本小节研究依托河南高远公路养护设备公司，采用其研制的立置环道负荷轮试验仪开展了 MOH 材料的高温性能评价，该试验仪能够真实模拟路面受力状况，试验周期短，对路面状况和性能可进行快速评价，试验仪结构和外观分别见图 3-2 和图 3-3。

立置环道负荷轮试验仪主要技术参数见表 3-2。

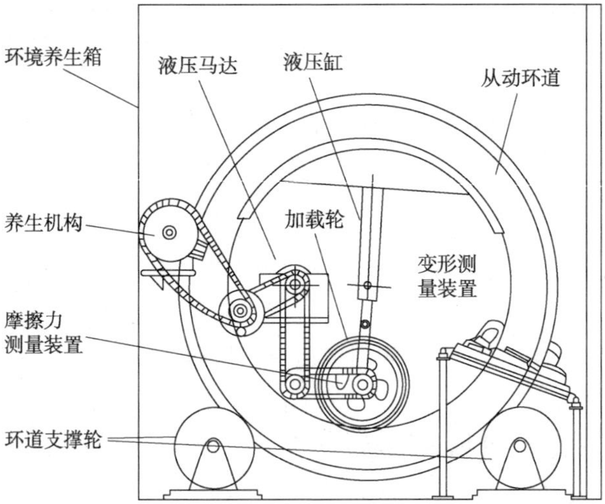

图 3-2　立置环道负荷轮试验仪结构示意图

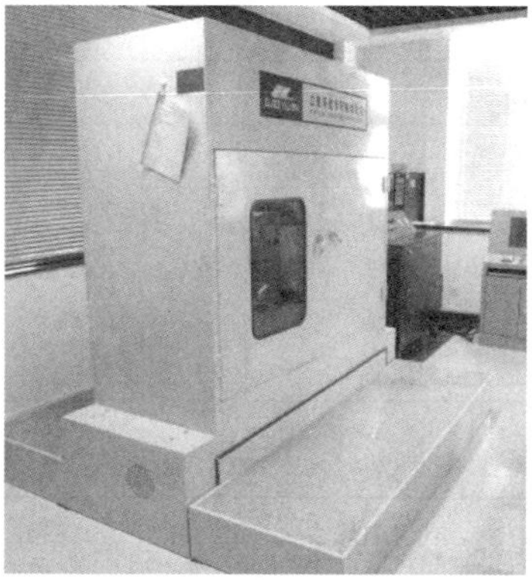

图 3-3 立置环道负荷轮试验仪

表 3-2 立置环道负荷轮试验仪

型　　号	GYHF1225A
环道直径/mm	1200
环道宽度/mm	300
可装试件数	8
环道线速度/(km·h^{-1})	30(最高)
负荷轮直径/mm	400
负荷轮荷载/N	50~2500
试验环境温度/℃	60±1
试件厚度尺寸/mm	40~100
装机容量/kW	39.2

3.2.2 材料结构层级配类型及油石比的确定

(1) 材料结构层级配类型的确定

本项目选择了常用的几种材料类型，分别为 AC-13、AC-20 和 MOH 材料。其中 AC-13、中粒式 MOH 材料作为上面层，AC-20、粗粒式 MOH 材料作为中面层，共计四种组合形式，见图 3-4，即：

组合一：中粒式 MOH(上面层)+AC-20(中面层)；

组合二：AC-13(上面层)+粗粒式 MOH(中面层)；

组合三：中粒式 MOH(上面层)+粗粒式 MOH(中面层)；

组合四：AC-13(上面层)+AC-20(中面层)。

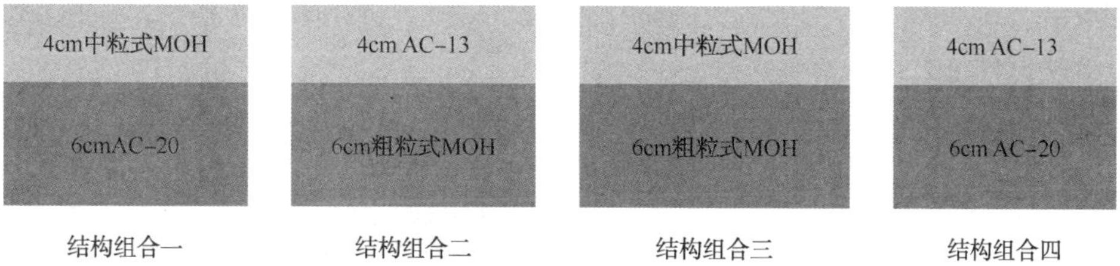

图 3-4 结构组合类型

AC-13、AC-20、粗粒式和中粒式 MOH 材料的级配见表 3-3。

(2) 材料结构层油石比的确定

密级配沥青混合料(AC)、粗粒式 MOH 和中粒式 MOH 材料配合比设计按规范进行。调整 3 组不同粗细的初始级配，从 3 组初始级配的试验结果中选择 1 组，采用马歇尔法确定各材料的最佳油石比见表 3-4。

表 3-3　各类型材料级配表

级配类型	通过各筛孔(mm)的质量分数/%											
	26.5	19.0	16.0	13.2	9.5	4.75	2.36	1.18	0.6	0.3	0.15	0.075
AC-13	100.0	100.0	100.0	90.7	81.2	55.5	32.7	20.3	14.3	10.7	7.5	5.9
粗粒式 MOH	100.0	96.6	85.3	73.1	61.0	32.9	24.0	15.0	10.6	7.9	5.6	4.3
AC-20	100.0	95.3	83.9	77.4	64.8	39.0	27.1	17.4	12.1	9.1	6.3	4.8
中粒式 MOH	100.0	92.5	83.6	78.9	65.9	37.3	26.4	19.2	15.3	10.0	8.9	4.5

表 3-4　各类型材料最佳油石比

级配类型	油石比/%	毛体积相对密度/($kg \cdot m^{-3}$)	最大理论相对密度/($kg \cdot m^{-3}$)	空隙率/%	矿料间隙率/%	沥青饱和度/%	稳定度/kN	流值/0.1mm
AC-20	4.2	2.445	2.558	4.4	14.0	68.5	9.4	24.6
粗粒式 MOH	5.4	2.368	2.562	9.4	15.9	52.3	11	—
中粒式 MOH	6.0	2.463	2.549	8.8	17.2	80.4	11.2	—
AC-13	4.7	2.513	2.655	5.3	16.3	67.5	14.08	38.7

3.2.3　车辙变形试验

利用立置环道实验采集到的数据对 MOH 材料路面车辙的形成过程给予了揭示、描述和分析。本次立置环道试验条件如下：荷载 110kN；轮胎对试件压强：0.7MPa；试验温度 60℃；运行速度 $10km \cdot h^{-1}$；环道加载采用固定轮迹，不做横向移动。试件通过专用成型装备制作完成并养生后按照图 3-5 和图 3-6 所示的位置安装。试件编号与结构组合类型对应表见表 3-5，分别采用了四种形式的组合共 8 块试件进行车辙变形试验。

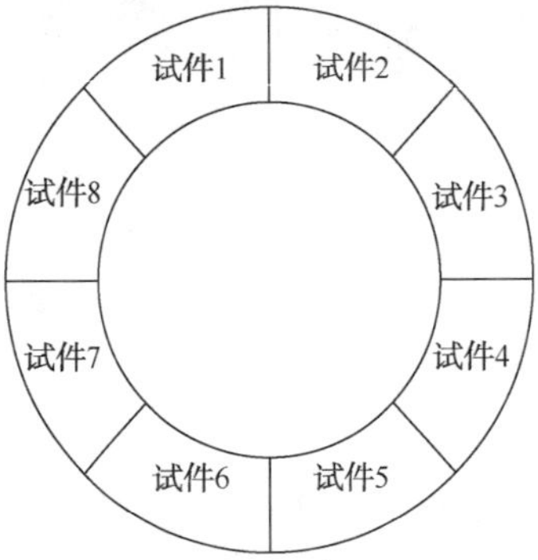

图 3-5　试件分布情况示意图

图 3-6　成型完毕的试件

表 3-5 试件编号与结构组合类型对应表

试件编号	1	2	3	4	5	6	7	8
试件组合类型	结构组合一		结构组合二		结构组合三		结构组合四	

试验时每块试件的荷载作用次数为 10263 次，考虑到试验过程中设备会产生一定的振动，造成测量数据在一定范围内的波动，如采用单点数据作为该点车辙变形量会造成分析结果的准确性较低，因此，将每千次的数据进行平均，并将平均值作为该千次荷载下车辙变形量的代表值，如表 3-6 中试件 1 在作用次数为 1000 次时车辙变形量为 1. 19mm，其实际意义为试件 1 在荷载作用 0～1000 次的试验过程中车辙的平均深度为 1. 19mm。依次类推，分别算出不同试件在作用次数为 1000 次、2000 次、3000 次、4000 次、5000 次、6000 次、7000 次、8000 次、9000 次、10000 次时的车辙深度，见表 3-6，1000～10000 次的各车辙深度拟合曲线见图 3-7。

表 3-6 试件 1～试件 8 绝对车辙深度

荷载作用次数/1000 次	车辙深度/mm							
	试件 1	试件 2	试件 3	试件 4	试件 5	试件 6	试件 7	试件 8
1	1. 19	1. 75	2. 77	2. 54	1. 02	1. 17	2. 48	3. 19
2	3. 02	3. 4	4. 35	4. 46	1. 83	2. 83	4. 75	5. 72
3	4. 61	4. 86	6. 71	6. 82	2. 61	3. 61	6. 91	8. 82
4	5. 29	6. 23	8. 69	7. 91	3. 29	4. 35	8. 39	8. 91
5	6. 21	6. 81	9. 15	8. 35	3. 71	5. 71	9. 43	9. 35
6	6. 39	7. 57	9. 75	9. 75	4. 39	6. 39	10. 39	10. 75
7	6. 54	7. 75	10. 28	10. 18	4. 64	7. 64	11. 28	12. 18
8	6. 74	8. 36	11. 77	10. 36	5. 54	8. 54	12. 97	13. 36
9	6. 89	8. 53	12. 23	11. 23	6. 09	8. 79	14. 03	14. 23
10	7. 05	9. 01	13	11. 5	6. 3	9. 02	15	16

由表 3-6 及图 3-7 可得到如下结论：

（1）在重复荷载作用下，四种路面结构的永久变形及隆起变形都随着荷载作用次数的增加而呈非线性增大。在加载初期，增幅比较显著，随着荷载作用次数的增加，增幅逐渐减小，这说明车辙的形成时期主要集中在开放交通的初期，这个时期沥青路面在车轮荷载作用下，发生剪切、推移、流动等各种运动，是各种作用方式的综合作用时期，所以车辙发展比较迅速。

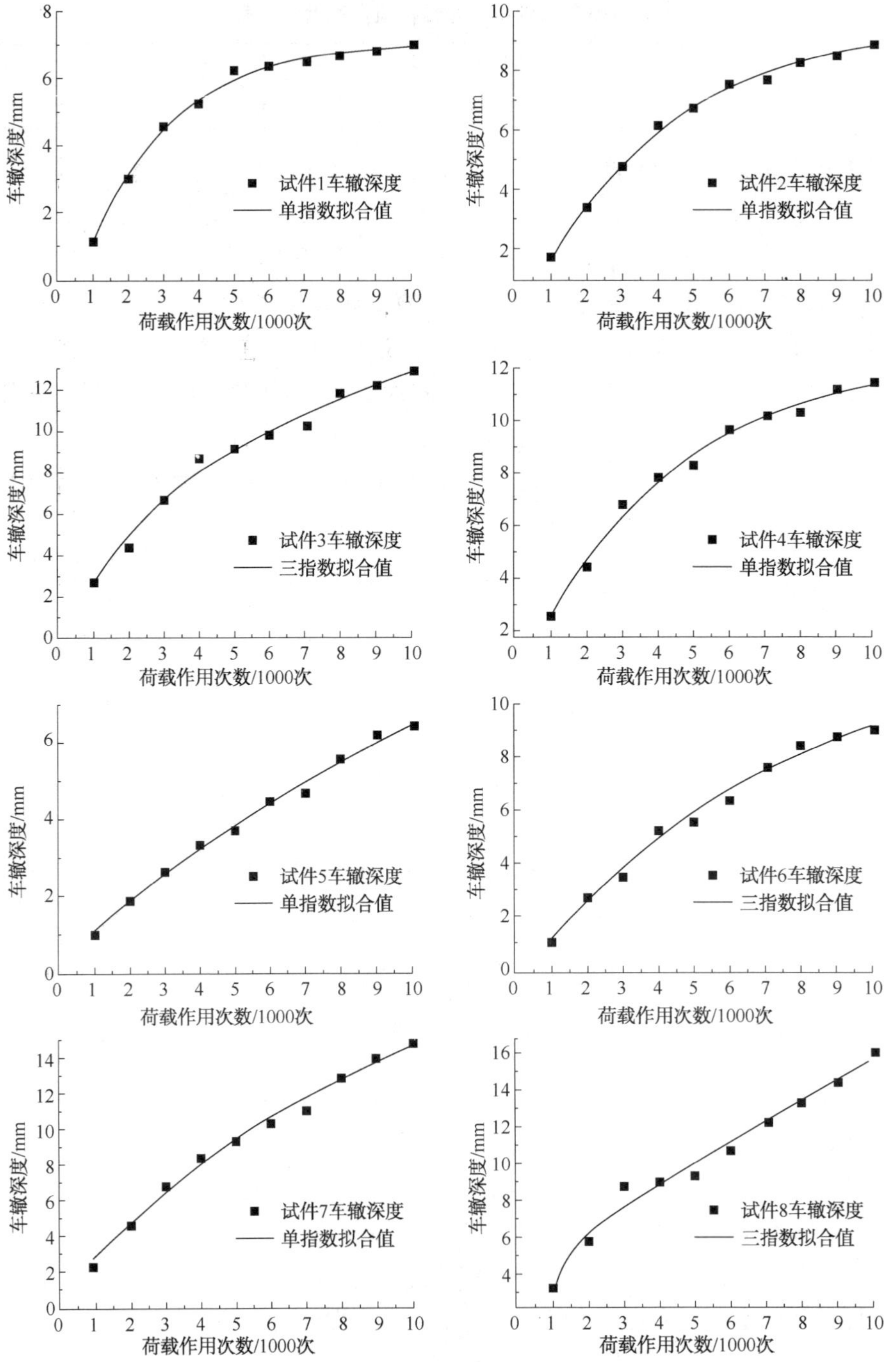

图 3-7　试件 1~8 车辙变形曲线

(2) 从中面层采用 MOH 材料(试件 1、试件 2)较中面层采用 AC-20 材料(试件 5、试件 6)的对比结果说明，中面层采用 MOH 材料路面的抗变形能力优于中面层采用热拌沥青混合料。从上面层采用 MOH 材料(试件 1、试件 2)较上面层采用 AC-13 材料(试件 7、试件 8)的对比结果，以及上面层采用 MOH 材料(试件 5、试件 6)较上面层采用 AC-13 材料(试件 3、试件 4)的对比结果说明，上面层采用 MOH 材料路面的抗变形能力优于上面层采用热拌沥青混合料。

3.2.4 材料不同面层的车辙贡献率

为了对比分析中、上面层使用 MOH 材料的不同效果，分析了不同层位的车辙贡献率，提出提高路面结构抗车辙性能的方法，同时验证该试验装置对实际交通荷载模拟的效果。其试验方法及结果如下：

试件安装前，测量每个试件端部断面上面层及中面层轮迹带位置的厚度，并标记测量位置，待立置环道试验加载结束后，将试件从立置环道负荷轮试验仪上拆下，在各个试件同一测量点对变形后的上、中面层厚度进行测量，然后计算上、中面层变形分别占总变形的比例，试件 1~8 各层变形情况见表 3-7。

表 3-7 试件 1~8 各层变形试验结果

试件名称	试验前厚度/mm		试验后厚度/mm		变形贡献率/%	
	上面层	中面层	上面层	中面层	上面层	中面层
试件 1	43	60	41	56	33.3	66.7
试件 2	41	61	39	54	22.2	77.8
试件 3	42	61	40	56	28.6	71.4
试件 4	42	62	39	56	33.3	66.7
试件 5	43	62	41	49	13.3	86.7
试件 6	42	64	40	50	12.5	87.5
试件 7	41	64	39	53	15.4	84.6
试件 8	39	63	37	54	18.2	81.8

将表 3-7 中结构相同的试件所测得的试验数据进行平均，可得到不同类型组合条件下上、中面层的变形贡献率，见表 3-8。

表 3-8 不同组合类型上、中面层的变形贡献率

组合类型	变形贡献率	
	上面层	中面层
MOH(上)+AC20(中)	27.8	72.2
AC13(上)+MOH(中)	31.0	69.0

续表

组合类型	变形贡献率	
	上面层	中面层
MOH(上)+MOH(中)	12.9	87.1
AC-13(上)+AC-20(中)	16.8	83.2

通过表3-9可以得到如下结论:

(1) 中面层变形贡献率远大于上面层，上面层的变形贡献率为12.9%~31.0%，中面层的变形贡献率为69.0%~87.1%。因此，应重视中面层抗变形能力的提高，建议在中面层中使用MOH材料，以提高整个路面结构的抗变形能力。

(2) 另一方面，该结论与现有的试验结论相符，说明立置环道负荷轮试验仪能够较好地模拟路面上、中面层在行车荷载作用下的变形情况。

图3-8 低温弯曲试验

3.3 材料低温性能评价

除了高温车辙外，沥青路面常见的另一类主要病害是低温开裂。国内外用于研究和评价沥青混合料低温抗裂性能的试验方法有多种，主要包括：等应变加载的破坏试验(间接拉伸试验，弯曲、压缩试验)、直接拉伸试验、弯曲拉伸试验、受限试件温度应力试验、三点弯曲J积分试验、C^*积分试验、收缩系数试验、应力松弛试验。考虑到试验设备的复杂性和试验的操作性，本次试验参考我国《公路沥青路面施工技术规范》(JTG F40—2011)中的T 0715—2011“沥青混合料弯曲试验”进行低温弯曲试验，见图3-8，成型的梁式试件见图3-9，低温弯曲指标评价结果见表3-9。

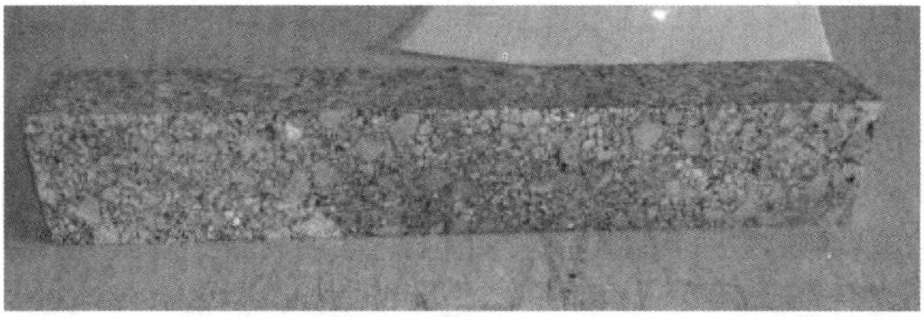

图3-9 成型的梁式试件

表 3-9 低温弯曲试验汇总

试件类型	抗弯拉强度/MPa	跨中挠度/mm	弯曲劲度模量/MPa	最大弯拉应变/με	破坏荷载/kN
AC-13	6.63	0.44	2924.70	2266.93	0.81
	4.67	0.39	2201.25	2120.82	0.61
	5.55	0.42	2539.80	2185.22	0.70
	6.77	0.44	2969.87	2278.35	0.82
平均值				2212.83	—
MOH 材料	5.27	0.39	2526.10	2086.23	0.68
	4.41	0.36	2331.59	1889.64	0.55
	3.80	0.33	2154.75	1812.47	0.49
	3.57	0.36	1873.05	1984.43	0.46
平均值				1943.19	—
要求值				1800	—

从表 3-10 低温弯曲试验中的抗弯拉强度、跨中挠度、弯曲劲度模量等结果来看，MOH 材料混合料的低温弯曲性能略差于沥青混合料。从材料强度形成角度分析，MOH 材料的低温弯拉性能是其不足之处，但其最大弯拉应变为 1943με，已经接近传统沥青混凝土 2000με 的标准。

3.4 材料抗水损性能评价

水损害是沥青路面的主要病害之一，所谓水损害是指沥青路面在水或冻融循环的作用下，由于汽车车轮动态荷载的作用，进入路面空隙中的水不断产生动水压力或真空负压抽吸的反复循环作用，水分逐渐渗入沥青与集料的界面上，使沥青黏附性降低并逐渐丧失黏结力，沥青膜从石料表面脱落（剥离），沥青混合料掉粒、松散，尤其是在春融季节、梅雨季节和雨季，路面逐步出现麻面、松散、掉粒乃至坑槽的损坏现象，严重影响了路面的平整度、行车舒适性和安全性[168]。笔者结合实际情况，以浸水马歇尔试验、冻融劈裂试验来评价水稳定性，具体试验结果见表 3-10、表 3-11。

MOH 材料残留稳定度和冻融劈裂强度比分别为 86.64 和 77，满足表 3-12 所示的沥青混合料路面结构层水稳定性使用标准[168]。

表 3-10 浸水马歇尔试验结果汇总

试件编号	浸水 30min 稳定度/kN	浸水 48h 稳定度/kN	残留稳定度/%
1	10.61	9.25	87.18
2	10.38	9.11	87.76
3	10.78	9.31	86.36
4	11.13	9.50	85.35
平均值	10.73	9.29	86.64

表 3-11 冻融劈裂试验结果汇总

试件编号	劈裂抗拉强度/MPa	冻融劈裂抗拉强度/MPa	冻融劈裂强度比/%
1	0.84	0.65	77
2	0.81	0.63	78
3	0.83	0.61	73
4	0.85	0.66	80
平均值	0.83	0.64	77

表 3-12 沥青混合料水稳定性标准

雨量气候分区	年降雨量/mm	马歇尔残留稳定度/%	冻融劈裂残留强度比/%
Ⅰ	>1000	>75	无此区
Ⅱ	500~1000	>70	>70
Ⅲ	250~500	>65	>65
Ⅳ	<250	>60	>60

3.5 材料抗疲劳性能评价

疲劳特性是材料在荷载重复作用下产生不可恢复的强度衰减积累所引起的一种现象，荷载的重复作用次数越多，强度的衰减也愈加强烈，它所能承受的应力和应变也就愈小。通常把材料出现疲劳破坏的重复应力值称作疲劳强度，相应的应力重复作用次数称为疲劳寿命。

疲劳性能研究的原则是尽可能地模拟路面在重复荷载作用下的受力状态。目前已有的研究成果中，沥青路面的疲劳特性基本分为两类，一类为现象学法，即传统的疲劳理论方法，它采用疲劳曲线表征材料的疲劳性质；另一种为力学近似法，即应用断裂力学原理分析疲劳裂缝扩展规律以确定材料疲劳寿命的一种方法。现象学法进行疲劳试样时可采用控制应力和控制应变两种不同加载模式；力学近似法是将应力状态的改变作为开裂、几何尺寸及边界条件、材料特性及其统计变异性的结果来考虑，试验常采用切口试件，将梁式试件做成单边的“V”形或“U”形槽口，进行弯曲或拉伸试验。因 MOH 材料的特性，故采用现象学法中控制应变的加载模式进行试验。试验采用澳大利亚 IPC 公司生产的 UTM-25(动态伺服液压材料试验系统)进行，见图 3-10。UTM 可完成的一系列试验包括：沥青混合料动态模量试验、间接拉伸模量试验、重复荷载永久变形(蠕变)试验、静态蠕变试验、小梁疲劳试验、四点弯曲试验以及通用应力应变试验等。UTM 系列动态伺服液压材料试验系统应用液压伺服阀的数字控制，提供加载波形控制，能够产生任何用户希望的加载波形，并且可以进行高达 70Hz 的正弦波形加载操作。另外，还可以提供所有常规的正弦、方波、半正弦、三角波等波形，同时还包括以 512 点来定义的任何波形。

本次研究采用四点弯曲疲劳试验机进行，见图 3-11，按照前述的成型方法成型长为 380mm±5mm、厚度为 50mm±5mm、宽度为 63.5mm±5mm 的小梁试件，并与同级配 AC-13 沥青混合料进行比较，在试验温度为 15℃±0.5℃，加载频率为 10Hz±0.1Hz，采用横应变控制的连续偏正弦加载模式，试验为弯曲劲度模量降低到初始弯曲劲度模量 50%对应的加载循环次数。

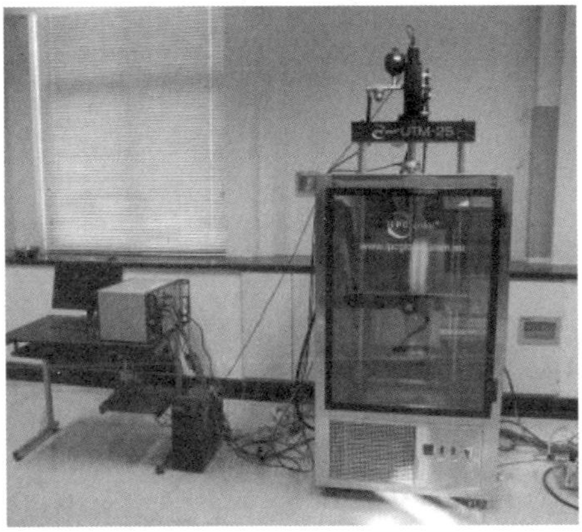

图 3-10　UTM 动态伺服液压材料试验机

图 3-11　四点弯曲疲劳试验机

一般而言，应力-疲劳寿命关系呈对数线形关系，即：

$$N_f = K\left(\frac{1}{\sigma}\right)^n \tag{3-3}$$

式中，N_f为疲劳寿命；σ 为拉应力；n、K 为试验确定的系数。

从以上研究可以看出，沥青混合料的抗疲劳性能通过应力与疲劳作用次数的回归方程的两个参数 n、K 来反映。n 值表示疲劳曲线斜率的陡缓程度，n 值越大，材料的疲劳寿命对应力水平变化越敏感，表示材料耐疲劳性越差；K 值表示疲劳曲线线位的高低，K 值越大，说明材料耐疲劳性能越好。研究的试验结果见表 3-13。

表 3-13　材料疲劳寿命对比

材料类型	应变水平/με	初始劲度模量/MPa		相位角/(°)		累积耗散能/(MJ·m^3)		疲劳寿命/次	
AC-13	400	7688	8937	31.4	30.9	65.395	62.9	37340	31023
		10325		30.8		72.235		31080	
		8799		30.5		51.188		24650	
	500	9864	9780	36.6	34.1	72.788	83.5	21050	24253
		9393		35.9		76.956		23410	
		10084		29.8		100.776		28300	
	600	7730	7692	35.1	36.6	35.071	33.8	8770	8667
		7707		38.3		32.628		8670	
		7639		36.3		33.555		8561	
MOH材料	400	6524	6818	32.1	31.3	61.545	62.6	27563	23971
		6713		30.6		66.562		24215	
		7216		31.3		59.586		20136	
	500	8592	8622	34.6	36.1	77.312	76.2	20305	18667
		8411		35.5		72.456		18165	
		8862		38.1		78.831		17531	
	600	7815	7395	37.7	38.2	37.325	37.9	6605	6316
		7716		38.8		36.589		7280	
		6653		38.2		39.765		5063	

通过表 3-14 中数据可以得知，MOH 材料的疲劳寿命次数略低于热沥青混合料 AC-13，表明 MOH 材料的抗疲劳性能仅次于热拌沥青混合料。

3.6　小结

本章主要对 MOH 材料的抗压回弹模量、高温稳定性、低温抗裂性能、抗水损性能和疲劳性能进行检测，并和热沥青混合料的相应路用性能进行比较，得出如下结论：

（1）温度升高导致MOH材料抗压回弹模量降低，但降低幅度比传统沥青混凝土要小；

（2）中面层采用MOH材料路面的抗变形能力优于中面层采用热拌沥青混合料，中面层变形贡献率远大于上面层，因此应重视中面层抗变形能力的提高，建议在中面层中使用MOH材料，以提高整个路面结构的抗变形能力；

（3）MOH材料的低温弯曲性能略低于沥青混合料，其低温弯拉性能是其不足之处，但其最大弯拉应变为1943με，已经接近传统沥青混凝土2000με的标准；

（4）MOH材料残留稳定度和冻融劈裂强度比分别为86.64和77，满足表3-13所示的沥青混合料路面结构层水稳定性使用标准；

（5）MOH材料的抗疲劳性能仅次于热拌沥青混合料。

总之，由于水泥对温度变化的敏感性较低，使得以原本沥青为胶结材料的沥青混合料的温度敏感性降低；通过采用“立置环道”的加速加载装置对复合路面结构的评价，说明MOH材料对路面高温稳定性的降低具有延缓作用。经过大量试验对比，得出MOH材料的低温抗裂性能、水稳定性能和抗疲劳性能等各项指标，与传统沥青混合料相比略有下降。

4 基于压实功等效的 MOH 材料路面压实工艺匹配模型

压实是通过压实机械对路面施加外力使路面材料提高密实度的过程，有效的压实即是用最小的压实功克服材料颗粒间的内摩擦阻力和黏聚力，排除材料颗粒间的空气和水分，使得材料颗粒产生相对位移、互相靠近，最终使材料充分密实[101]。本章基于最小耗能原理和功能等效原理，结合万能试验机压缩试验推导出室内有效压实功和路面有效压实功的计算模型，通过将室内和路面有效压实功进行等效以及吸能效率的引入确定出达到给定密实度所需的系列压实工艺参数组合。

4.1 有效压实功等效原理

4.1.1 有效压实功

压实装置施加在材料上的压实功并不能完全被材料所吸收，这与材料压实成型过程中的黏弹塑性变形特性和采用的压实方法密切相关。压实装置作用于材料的全部外力功都转化为应变能[169]，该应变能包括可逆的弹性应变能和非弹性应变能，后者表现为耗散能量，为克服材料阻尼所消耗的能量[103]，称为有效压实能。具体压实过程见图 4-1，在持续压实力的作用下材料产生压缩变形量为 s_0，

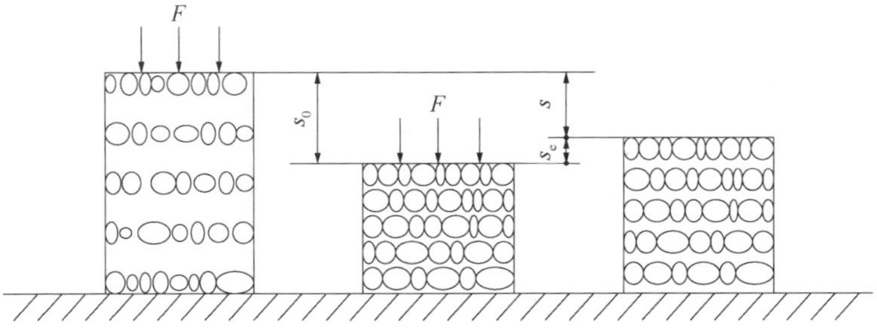

图 4-1 材料压实过程示意图

当压实力卸载后，压缩量回弹减小至 s，回弹量为 s_e。回弹量 s_e、压缩量 s(即黏塑性变形量)相应的应变能即为弹性应变能和非弹性应变能，有效压实功为发生非弹性压缩量 s 时相应的压实功。

为此，结合文献[102，104]，将有效压实功定义为材料在轴向压应力作用下产生黏塑性压缩位移所消耗的压实功，其表示为：

$$W_e = \int_{s_1}^{s_i} F\mathrm{d}s \tag{4-1}$$

式中，W_e 为材料产生压实位移 s 时压实装置对材料所做的有用功，s_1、s_i 分别为压实装置作用下材料的压实开始位移和压实终了位移值。

结合土工击实试验中有“单位体积击实功”的表述[104]，提出“单位体积有效压实功”的概念，用以衡量单位体积材料在压实装置作用下的能量耗散情况。

对于室内压实装置，单位体积材料的有效压实功表示为：

$$W_e^s = \frac{4W_e}{\pi d^2 h_s} \tag{4-2}$$

对于路面压实装置，单位体积材料的有效压实功表示为：

$$W_e^l = \frac{W_e}{lbh_l} \tag{4-3}$$

式中，h_s、d 分别为室内条件下材料的成型高度和直径，m；h_l、l、b 分别为路面压实时材料的成型厚度、碾压带长度和宽度，m。

联立式(4-1)~式(4-3)，相应的单位体积材料的有效压实功可进一步表示为：

$$W_e^s = \frac{4\int_{s_1}^{s_i} F\mathrm{d}s}{\pi d^2 h_s} \tag{4-4}$$

$$W_e^l = \frac{\int_{s_1}^{s_i} F\mathrm{d}s}{lbh_l} \tag{4-5}$$

4.1.2 不同压实成型方法间的有效压实功等效原理

在室内试验条件下，文献[100]提出不同成型方法的压实次数的等效原理，即成型试件的密实度相等，则认为两种成型方法相应的压实次数可进行等效，但并未指出充分的等效依据。为此进一步指出，若两试件密实度相等，则表明成型试件单位体积获得的非弹性应变能相同，结合前述有效压实功与非弹性应变能间的功能转化等效规律可知，不同压实方法在压实过程中施加在单位体积材料上的有效压实功相等。为此，提出不同压实成型方法间的有效压实功等效原理：假设实验环境条件即温度、湿度一样，拌和方法均采用 2.1.3 节所述，养生方法均相同(60℃烘箱中养生 48h)，若不同压实方法成型的两组成型试件的密实度相等，则认为成型过程中单位体积试样消耗的有效压实功相等，试件密实度计算方法参考文献[170]。应当指出的是，上述有效压实功等效原理不但适用于室内各成型方法间的等效，而且还适用于室内成型与路面压实间的等效。可表示为：

$$\text{若 } G_s\% = G_l\%\text{，则 } W_e^s = W_e^l \tag{4-6}$$

式中，$G_s\%$为室内压实后试件的密实度；$G_l\%$为路面压实后路面的密实度。

4.1.3 吸能效率

根据上述有效压实功原理，尽管不同成型方法在成型给定密实度的材料试件或路面所需的单位体积有效压实功相等，但在实际压实过程中，一方面施加在材料上的压实功只有部分能量被材料完全吸收，另一方面，不同压实成型方法时材料在各压实阶段所处的黏弹塑性流变特性不尽相同，材料对压实能量的吸收并不相同，存在一个压实能量吸收率的问题，在此，定义吸能效率为有效压实功与压实设备提供的压实总功间的比值，即：

$$\eta = \frac{W_e}{W} \tag{4-7}$$

式中，W_e、W 分别为有效压实功、压实装置提供的压实总功，J。

4.2 不同室内成型方式对压实特性的影响

在室内环境下，目前 MOH 材料类混合料的室内击实方法包括马歇尔击实法、旋转压实法、静压法等。下面针对该三种方法对材料的压实特性影响分别进行研究。

4.2.1 马歇尔击实成型法

试验在室内环境温度 25℃条件下进行，材料采取最优配合比方案，即水泥含量为 2%，油石比为 4.5%，总含水率为 6%。采用拌和设备及方法见 2.4.1 部分试验条件，拌和结束后将料装入击实试模。马歇尔击实试验方法参考《公路工程沥青及沥青混合料试验规程》(JTG E20—2011)中的 T 0702—2011“沥青混合料试件制作方法(击实法)”，采用一次成型法，击实高度为标准击实高度 h_b = 457.2mm±1.5mm，重锤质量为 m_b = 4.536kg，试模内径 d_s = 101.6mm，装模质量为 m_z = 1180g。击实次数分别设定为 40 次、50 次、60 次、75 次、90 次、100 次、110 次、120 次、130 次，每组成型三个平行试件，测定其抗压强度及其空隙率，得到抗压强度平均值和空隙率平均值随击实次数的变化情况，并对该两组实测数据分别进行拟合，见图 4-2，下面分析抗压强度和空隙率随击实次数的变化规律。

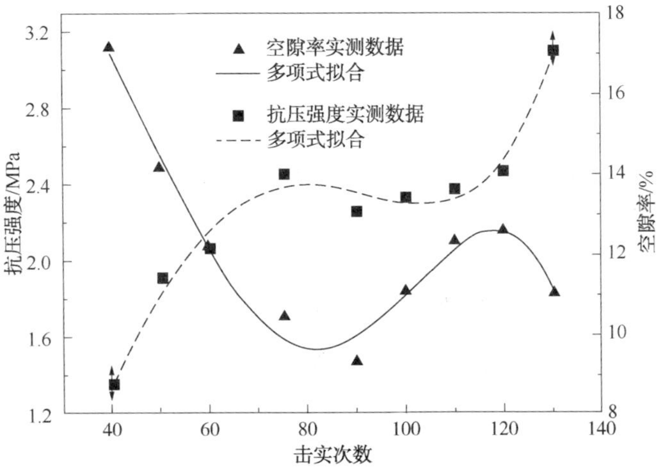

图 4-2　马歇尔击实次数对抗压强度和空隙率的影响

总体上抗压强度随击实次数的变化而逐渐增大，空隙率随击实次数的变化先减小后增大再减小。击实次数为 75 次时抗压强度值达到较大值 2.46MPa，大于 75 次小于 110 次时抗压强度值出现小幅的减小，大于 110 次时抗压强度值开始迅速增加。击实次数为 90 次时空隙率值达到最小值 9.31%，大于 90 次小于 120 次时空隙率出现增加，大于 120 次时又开始减小。由此可见，总体上抗压强度的变化规律与空隙率的变化规律密切相关，前者增大时后者减小，大于 75 次时的材料矿料颗粒存在被击碎的情况，实际上矿料级配发生了改变。以抗压强度值为主，击实次数为 75 次时的材料压实特性达到最佳，相应的抗压强度值为 2.27MPa，空隙率为 9.31%。

4.2.2 旋转压实成型法

试验在室内环境温度25℃条件下进行，材料采取最优配合比方案，即水泥含量为2%，油石比为4.5%，总含水率为6%。采用拌和设备及方法见2.4.1部分试验条件，拌和结束后将材料装入旋转压实试模，装模质量为3kg，压实采用2.1.3节介绍的旋转压实成型法。压实次数分别设定为直接压实10次、20次、30次、40次、50次、60次、70次、80次、90次、100次、120次、140次、160次、180次、200次，每组成型三个平行试件，测定其抗压强度及其空隙率，得到抗压强度平均值和空隙率平均值随击实次数的变化情况，并对该两组实测数据进行拟合，见图4-3，抗压强度随旋压次数的增加而呈逐渐增大趋势，直接压实190次左右时成型的材料试件抗压强度值达到峰值，继续增加到200次时抗压强度值出现一定程度的减小。空隙率随击实次数的变化呈指数衰减趋势。以抗压强度值为主，直接压实次数为190次左右时的材料压实特性达到最佳，抗压强度均值为2.81MPa，相应的空隙率为7.15%。

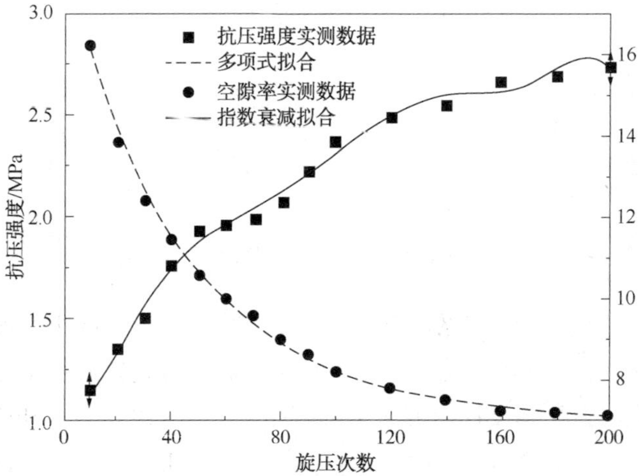

图4-3 旋压次数对抗压强度和空隙率的影响

4.2.3 静压压实成型法

试验在室温25℃、环境压力为大气压的条件下进行，材料采取最优配合比方案，即水泥含量为2%，油石比为4.5%，总含水率为6%。采用拌和设备及方法见2.4.1部分试验条件，拌和结束后将材料装入静压试模，装模质量为3kg。

静压压实试验采用微机控制的电子万能试验机(试验力量程 0~3000kN，加载速率 0.2%~2% FS/S)，见图 4-4。压实试模直径为 15cm。设置 3 组平行试验，压实速率为 10mm/min，通过控制材料的高度变化(即竖向位移)而控制压实进程，压实终了高度控制为 7cm，压实过程中的位移变化可通过万能试验机配套的软件自动记录，通过换算得到空隙率随静压压力的变化情况。压实过程空隙率可通过下式计算：

$$VV_1 = 100 \times \left(1 - \frac{l}{h} \times \frac{\gamma_f}{\gamma_t}\right)$$

式中，VV_1 为压实过程中的材料空隙率,%；h 为压实过程中材料的实时高度，cm；l 为压实终了高度，cm。

对压力-空隙率数据进行拟合，实测及拟合数据见图 4-5。由图 4-5 可知，总体上空隙率随击实次数的变化呈指数衰减趋势减小。空隙率大于 11.5%时，空隙率的减小速率较大，小于 11.5%之后空隙率的减小速率越来越小，说明在压实后期随着材料密实程度的增加，静压压力的大幅增加才能对材料产生剪力的作用。压实终了材料试件的空隙率为 9.18%，抗压强度为 2.43MPa。

图 4-4　微机控制电子万能试验机

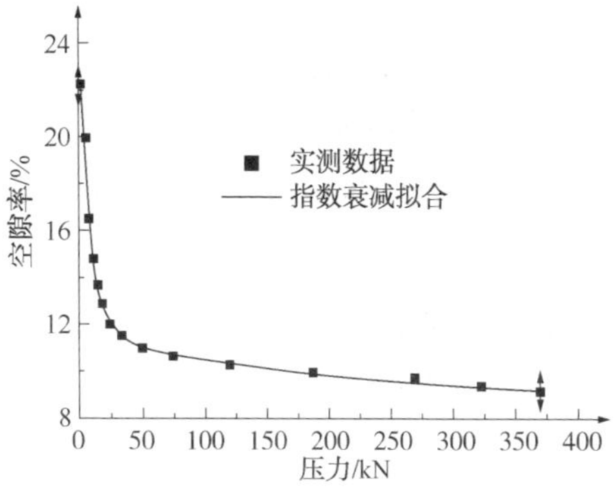

图 4-5　静压压力对空隙率的影响

4.2.4　室内压实成型方法比较

通过马歇尔击实法、旋转压实法、静压法三种方法对材料压实特性的影响研究得出，马歇尔击实法虽然能一定程度地模拟材料压实，但不能模拟压路机的搓揉碾压作用。旋转压实法可同时给材料施加竖直压力和水平剪力，使集料颗粒定向形成骨架，可以有效模拟荷载对道路的搓揉压实作用。该设备压实成型的试件，其物理特性与现场钻芯取样的结果相关性好，较马歇尔击实法具有明显的优越性[136]，但是对于旋转压实仪的压实功计算较为困难，目前国内外鲜见有相关研究。静压法是通过万能试验机对材料施加冲击荷载进行压实，其成型试件的方法与静力压路机的滚压机理相同，静压过程做功计算也相对容易。

参考现行《公路工程沥青及沥青混合料试验规程》(JTG E20—2011)，现从功能转化的角度将三种成型方法进行比较，见表4-1。

表4-1　室内不同压实成型方法压实特点比较

成型方法	成型设备	压实原理	对MOH材料的适用性	密实度	压实功的计算可行性	压实做功的等效
马歇尔击实法	标准击实仪	重力势能转化为材料的密实能	适用性一般	89.6%	能量转换清楚，消耗击实功便于计算	可基于有效压实功等效原理进行相互转化
静压法	万能试验机	静压能转化为材料的密实能	适用性较好	90.82%	实时记录应力应变数据，可计算密实能对应有效压实功	
旋转压实法	SGC旋转压实仪	竖向静压压实和剪切搓揉的复合作用提升材料的密实能	适用性良好	92.8%	竖向静压压实功易于计算，但剪切做功较难计算	

通过上述比较分析可知，采用万能试验机静压压实可自动记录压力和位移等数据，因此拟采用静压法计算有效压实功，借助马歇尔击实法并通过有效压实功等效原理获得室内条件下不同密实度时的吸能效率，而后考虑路面实际压实工况，对该吸能效率进行修正，进而获得符合压路机压实过程中的吸能效率。旋转压实法与实际压路机压实原理接近，可作为替代压路机压实的一种方法来检验实际压实效果。

4.3　室内有效压实功计算模型

4.3.1　万能试验机压缩试验研究

材料在压实荷载下的应力应变特性是研究压实过程中黏弹塑性流变特性的基

础。为此，借助万能试验机并结合现场路面压路机的工艺参数，设计单轴压缩试验以模拟材料的压实过程。材料采取最优配合比方案，即水泥含量为 2%，油石比为 4.5%，总含水率为 6%。

（1）试验条件

拌和方法和压实方法见 2.4.1 部分试验条件。

（2）试验方法

根据 2.4 节压实时机的试验结果，材料拌和完毕后静置 35min 再进行压实即可保证压实强度。压缩试验采用微机控制的电子万能试验机（试验力量程 0～3000kN，加载速率为 10mm/min），见图 4-4。压实试模直径为 15cm。设置 2 组平行试验，压缩至材料位移无变化为止。室温控制为 25℃，环境压力为大气压。

（3）加载模式

以某双钢轮振动压路机为计算模型，压路机技术参数见表 4-2。

表 4-2　双钢轮振动压路机技术参数表

参数	轮径 D/mm	轮宽 B/mm	工作质量 m/kg	前/后轮分配质量 m_1/kg	速度范围 v/(km·h^{-1})	振动频率 f/Hz	名义振幅 A_0/mm	激振力 F_0/kN	
								高幅	低幅
取值	1214	2130	13500	6850/6650	0～11	42/50	0.75/0.33	145	90

结合现场路面压路机的结构参数和施工工艺参数，考虑压路机的前后轮分配质量、激振力、接地面积、碾压速度和间歇时间等，设计的试验机加、卸载程序见图 4-6，加载时间共 622s。具体程序如下：

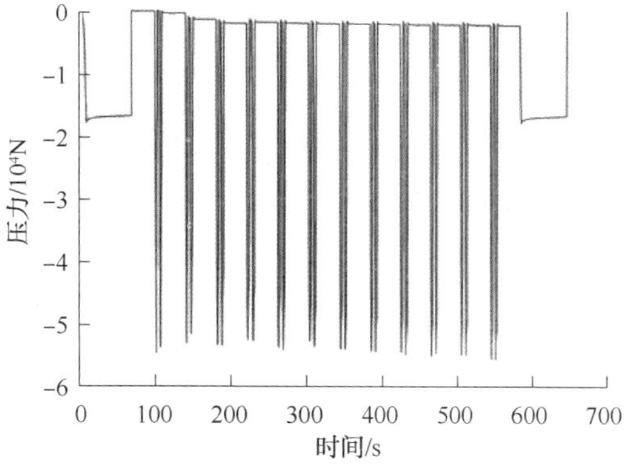

图 4-6　加、卸载循环曲线

① 模拟初压阶段：1s 加载到 1MPa，恒载 60s，然后 1s 卸载到 0MPa，空载 30s；

② 模拟复压阶段：共 12 个循环，循环构成为，1s 加载到 3MPa，恒载 1.5s，1s 卸载，空载 2s，然后 1s 加载到 3MPa，恒载 1.5s，1s 卸载，空载 30s；

③ 模拟终压阶段：1s 加载到 1MPa，恒载 60s，1s 卸载到 0MPa。

（4）试验结果分析

试验过程中实时记录加载压力、压实时间和压缩位移的变化，与压缩方向相同的位移定义为压缩变形，反之为回弹，整个荷载过程中 MOH 材料的压缩位移变化曲线和复压首次循环荷载压缩位移变化曲线分别见图 4-7、图 4-8。

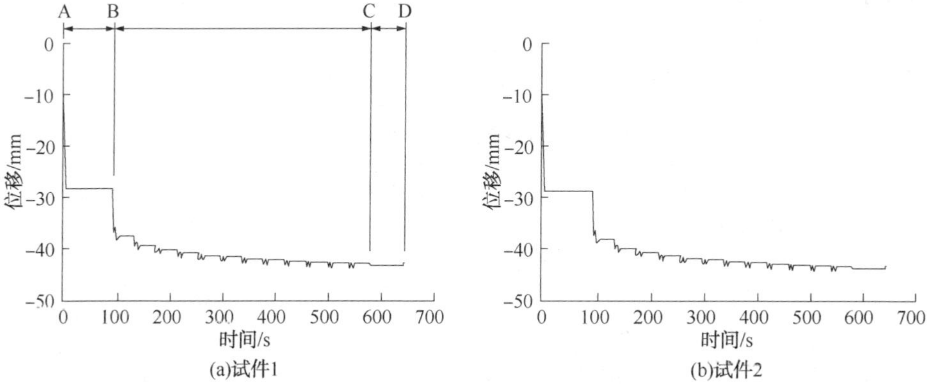

图 4-7　材料压缩位移变化曲线

图 4-7 所示变形特征为：两试样材料均发生较大的压缩变形，变形量分别为 42.6369mm 和 43.189mm，均属超过 5%的大变形范畴。整个压实过程变形表现为弹性变形和非弹性变形两种形式。弹性变形包括卸载后立即恢复的瞬时弹性变形和随时间逐渐回复的黏弹性变形，非弹性变形为卸载后不能回复的塑性变形和黏塑性变形，因塑性、黏塑性变形分量难以区分，故将非弹性变形统称为黏塑性变形。现以试件 1 为例分析该材料的压实变形特性。

① 初压 AB 阶段（0～92s）：1s 加载到 1MPa 时，试件的压缩变形量为 28.166mm，在 60s 恒载和 30s 空载过程中分别有 0.1507mm 和 0.1534 的回弹量。说明初压阶段材料的变形主要为黏塑性变形和小部分弹性变形。

② 复压 BC 阶段（93～560s）：复压过程中首次循环荷载的三个阶段见图 4-8。Ⅰ阶段，经 1s 加载到 3MPa 时，试件的压缩量为 8.9107mm，而后在 1.5s

的恒载过程中回弹 0.9211mm，之后位移量保持不变；经 1s 卸载后回弹至 7.7969mm，而后空载过程中位移再无变化。卸载过程中的回弹量包括瞬时弹性和黏弹性变形，而不能恢复的残余变形即为黏塑性变形。Ⅱ阶段的加载-恒载-卸载过程中的压缩位移变化情况与Ⅰ阶段类似，总压缩变形量为 1.7731mm。Ⅲ阶段的空载过程中位移量无变化。首次荷载循环中总压缩变形量为 9.57mm，而之后 11 次循环后的总变形量为 4.0835mm，说明首次荷载循环产生的压缩变形量占总变形量的 70%左右，且 11 次循环卸载后回弹量占总变形的比例越来越大，说明压实后期材料黏塑性变形比例减小，而弹性及黏弹性变形比例增大。

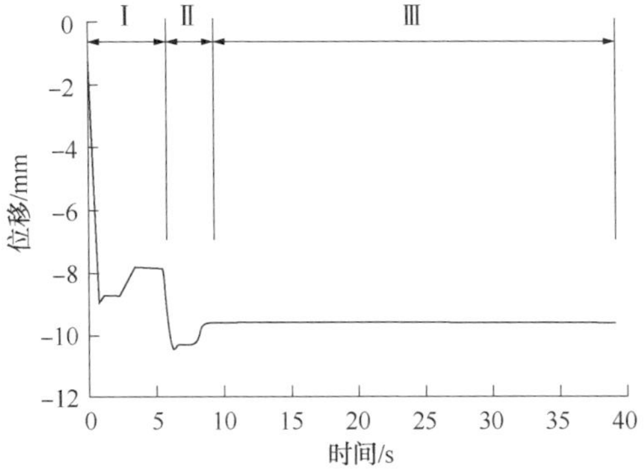

图 4-8　首次循环荷载压缩位移与时间的变化曲线

复压阶段材料在 3MPa 循环荷载的作用下发生黏弹塑性变形，其中黏塑性累积变形定义为荷载卸载后峰值位移之差的累积和，可表示为：

$$D(12)=\sum_{n=1}^{N} d(n)_{vp}=\sum_{n=1}^{12} d(n)_{vp}=d(1)+d(2)+\cdots+d(12) \qquad (4-8)$$

式中，D(12)为黏塑性累积变形位移；$d(n)_{vp}$为每次循环荷载产生的黏塑性变形；n 为循环荷载次数。

材料在循环荷载下的黏塑性累积变形位移 D(n)与循环次数 n 间的实测数据和拟合曲线见图 4-9。

由图 4-9 可知，复压过程中黏塑性累积变形位移随循环荷载次数的增加，单次荷载引起的黏塑性变形逐渐减小，从 9.5mm 减小到 0.15mm。由回归曲线可得二者间呈对数增加变化，说明随着循环荷载次数的增加，材料的压缩变形速率逐渐减小，密实程度增大，压实愈加困难。

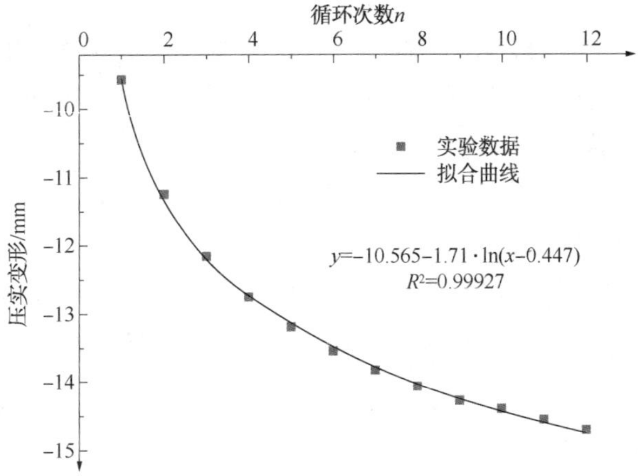

图 4-9　材料黏塑性累积变形及其回归曲线

压实过程空隙率可通过下式计算[170]：

$$VV_1 = 100\times\left(1-\frac{l}{h}\times\frac{\gamma_f}{\gamma_t}\right) \tag{4-9}$$

式中，VV_1为压实过程中的材料空隙率,%；h 为压实过程中材料的实时高度，cm；l 为压实终了高度，cm。

结合材料压实过程中的黏塑性变形规律，可得材料的实时高度为：

$$h = \mathrm{D}(n) + h_0 \tag{4-10}$$

联立式(4-9)和式(4-10)，可导出材料试样的空隙率：

$$VV_1 = 100\times\left[1-\frac{l}{\mathrm{D}(n)+h_0}\times\frac{\gamma_f}{\gamma_t}\right] \tag{4-11}$$

在式(4-10)、式(4-11)中，$\mathrm{D}(n) = -10.565-1.71\ln(n-0.447)$，$h_0$ 为复压过程中试样的初始高度，mm。

③ 终压 CD 阶段(561～622s)：在 1MPa 恒载作用下，试件先发生 0.424mm 的压缩变形量，后回弹 0.421mm。材料变形基本全部回弹，说明终压前材料已达到密实状态，终压过程中的变形以弹性和黏弹性变形为主，终压对材料的密实程度影响小。

上述压缩试验结果反映了材料在压实过程中复杂的黏弹塑性变形特性，总体上压实初期的变形以黏塑性变形为主，压实中后期弹性和黏弹性变形所占比例逐渐增大，材料的永久变形成分为黏塑性变形。

4.3.2 室内有效压实功的计算方法

微机控制的电子万能试验机可实时记录试件在压缩过程中的压力-位移关系，压缩试验成型的有效压实功可通过式(4-5)进行计算。研究压实过程中能量消耗和转换关系，进而获得给定密实度所需的有效压实功。

(1) 万能试验机压缩试验压力-位移曲线分析

图4-10为试验机记录的终压密实度为 $G\%=90.82\%$时，整个压缩过程中压力、位移随时间的变化曲线。由图可知，压实过程中，材料的压力、压缩位移均随着时间呈非线性变化，同时说明在压力卸载时，压缩变形存在一定量的回弹，如图中局部放大图所示，这部分回弹变形量相应于4.1.1节所述的可逆的弹性应变能，未回弹量即为有效压实功对应的非弹性应变能。

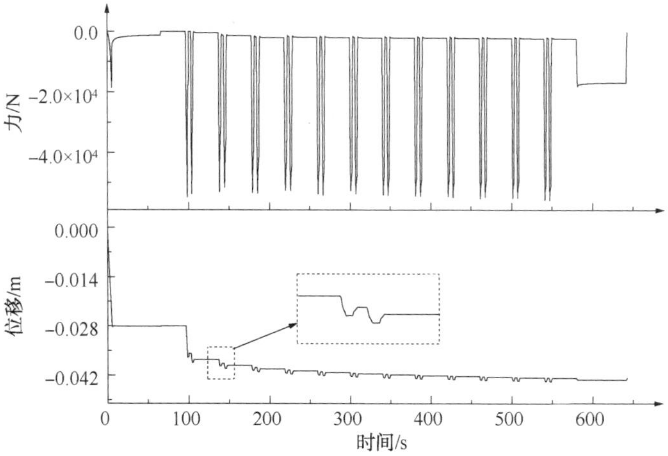

图4-10 静压压力、位移随时间的变化曲线

将图4-10中的中间变量时间消除，可绘出压力与位移间的变化关系曲线，见图4-11，由图可以看出，压力随位移亦成非线性变化关系，在前期(位移<0.036m)压力的变化较为稳定，进入后期(位移>0.036m)则呈现高频振荡，使得获得压力随压缩位移变化的解析式变得困难，给有效压实功的数值求解带来一定难度。

(2) 有效压实功的计算方法

由有效压实功的计算公式(4-1)可知，需确定压力与压缩位移间的解析表达式及相应的积分上、下限值。由图4-11实测数据可知，二者成强非线性变化，

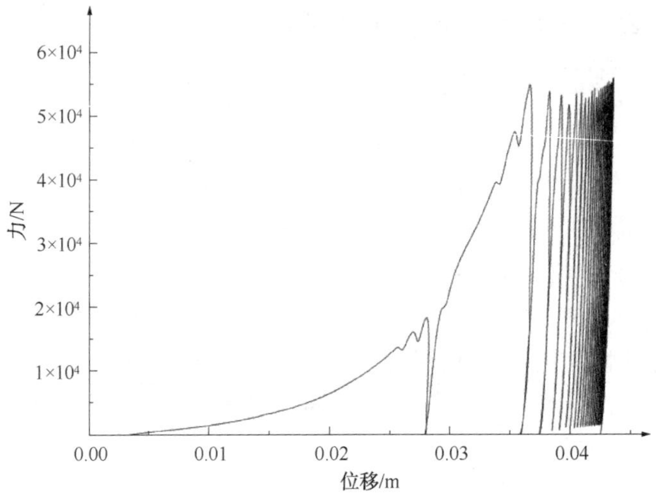

图 4-11　静压压力与位移的关系曲线

采用整体拟合显然不太可行，拟采用分段拟合的多元回归分析方法。此外，考虑实际压路机压实特点，模拟压路机压实的初始压实点应为有效压实功的计算开始点，需从摊铺结束开始，此时路面已具备一定初始密实度，据 2.3 节内容可知，常温下材料初始密实度值取 $G_c\%=85\%$，该值相应的压缩位移和压力即为有效压实功积分计算中的下限点。

① 模拟压路机压实的初始压实点参数的确定

设计的模拟压路机压实过程为从摊铺完毕开始到压路机压实结束阶段，即从初始密实度压实至最大密实度的阶段，材料压实过程中密实度与压实高度间近似满足：

$$\frac{G_c\%}{G_e\%}=\frac{h_e}{h_c} \tag{4-12}$$

对于静压成型的最终密实度 $G_e\%=90.82\%$的试件，成型高度为 $h_e=7\text{cm}$。代入式(4-12)可得，$G_c\%=85\%$时该试件高度 $h_c=7.479\text{cm}$，相应的试件压缩位移量为 0.03843m。

② 有效压缩位移的确定

由实测数据图 4-10 可知，压力卸载后未回弹部分量属于非弹性应变能范畴。为此，据有效压实功计算原理，有效压缩位移量应为压实终了未回弹部分的位移量。因此，实验数据处理时将压力卸载后的回弹量逐个去除，进而获得与有效压实功相应的有效压缩位移随时间的变化曲线，见图 4-12(a)。由此可见，压实过程中有效压缩位移随时间呈阶梯式增加趋势，且前期压缩变形增量大，后期压缩变形增量逐渐变小，直至位移量不再变化。4. 3. 1 节加载模式中模拟压路机复压的程序为间歇施加 3MPa 的循环荷载 12 次，其中每一次循环荷载又分成两个相同的加-卸载循环，因此复压阶段共有 24 次加-卸载循环。不同加-卸载循环下有效压缩位移变化特性曲线见图 4-12(b)，第 7 次加-卸载循环结束点到第 23 次加-卸载循环结束点的区间为有效压缩位移区间。对照图 4-12(a)和(b)，可得压缩位移量 0. 03843m 对应第 7 次加-卸载循环结束点，在第 21 次加-卸载循环之后，单次循环压缩位移量约为 0. 1mm 左右，位移量基本保持不变。第 23 次加-卸载循环后压缩位移量增加至 0. 04322m 后再无变化，对应结束点。

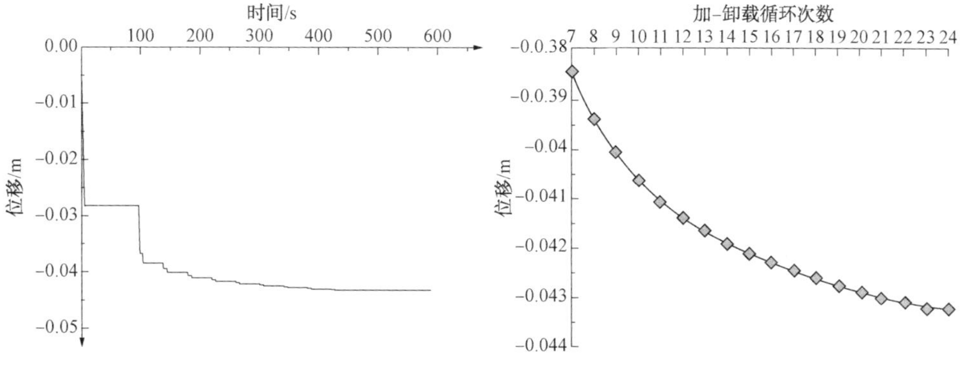

(a)有效压缩位移随时间的变化曲线　(b)有效压缩位移随加-卸载循环次数的变化曲线

图 4-12　有效压缩位移变化曲线

去除回弹量后，压力、位移随时间的变化曲线见图 4-13(a)。将该有效压缩位移变化曲线与压力变化曲线相结合，同时考虑模拟压路机压实时的初始压实点，进而可获得压力与有效压缩位移之间的关系曲线见图 4-13(b)。

对照图 4-13 中(a)和(b)可知，压力与有效压缩位移间呈锯齿状变化关系，随着压实时间的增加，且在相同加载-卸载循环周期内加载压力与有效压缩位移间围成的面积，即有效压实功呈递减关系变化，同时压力与有效压缩位移间的关系依次呈四段递减至一段式的多直线段规律变化，如图 4-13(b) 中虚线圈出部分。

③ 有效压实功与密实度的匹配模型

由 4. 1. 1 节知，有效功的计算需首先获得压力与有效压缩位移间的解析表达

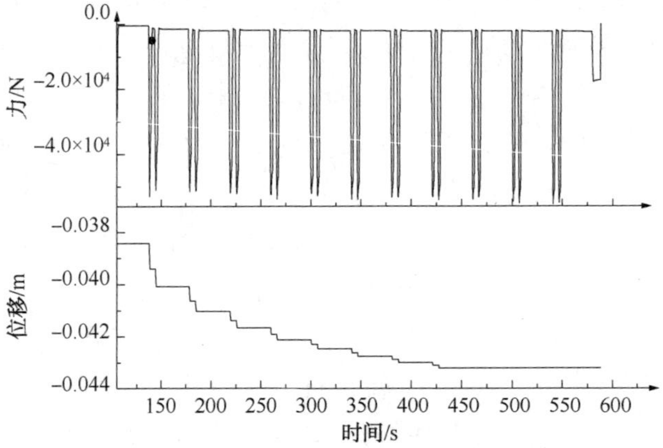

(a)压力、有效压缩位移随时间的变化曲线

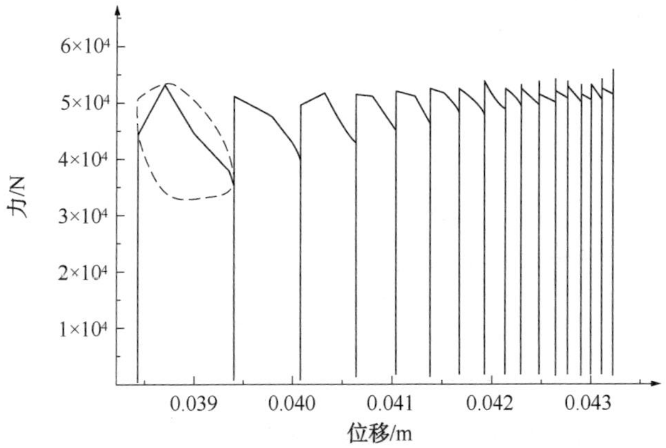

(b)压力与有效压缩位移的关系曲线

图 4-13　加载压力、有效压缩位移的变化曲线

式。由上述分析知，压力与有效压缩位移间的关系变化总体趋势呈锯齿式波动，而单一加-卸载周期内则呈多直线段变化。为了提高拟合精度，采用分段式拟合方式逼近实验测试曲线图 4-13(b)，获得其解析表达式。

结合有效压实功的计算式(4-1)，可得基于加载压力-有效压缩位移特性曲线的有效压实功的计算模型：

$$W_e = \sum_{i=1}^{m}\sum_{j=1}^{n}\int_{s_{i,j}}^{s_{i,j+1}}\left[\frac{F_{i,j}-F_{i,j+1}}{s_{i,j}-s_{i,j+1}}(s-s_{i,j})+F_{i,j}\right]\mathrm{d}s$$
$$+\int_{s_{0,0}}^{s_{0,1}}\left[\frac{F_{0,0}-F_{0,1}}{s_{0,0}-s_{0,1}}(s-s_{0,0})+F_{0,0}\right]\mathrm{d}s$$

$$= \sum_{i=0}^{m} \sum_{j=1}^{n} \int_{s_{i,j}}^{s_{i,j+1}} \left[\frac{F_{i,j} - F_{i,j+1}}{s_{i,j} - s_{i,j+1}} (s - s_{i,j}) + F_{i,j} \right] ds \qquad (4-13)$$

式中，m、n 均为整数；$(s_{0,0}, F_{0,0})$、$(s_{0,1}, F_{0,1})$、$(s_{i,j}, F_{i,j})$、$(s_{i,j+1}, F_{i,j+1})$均为特性曲线中各线段两端点的坐标值。

式(4-13)中，等式右边第一项为万能试验机模拟压路机压实阶段 m 个加-卸载循环所做的有效压实总功，对应于有效压力-位移特性曲线中 m 个尖锯齿曲线与位移轴围成的面积，其中 n 为单一尖锯齿曲线中的直线段数，一般满足 $1 \leqslant n \leqslant 4$。第二项为始于初始压实点的部分加-卸载循环所做的有用功，对应于曲线中开始直线段，记为第 0 个循环。

基于上述模型，通过前述终压密实度 $G_e\% = 90.82\%$ 获得的压力-有效压缩位移变化曲线[图 4-13(b)]，计算模拟压实至该密实度时的有效压实功。由图可得，计算模型式(4-13)中各参数的具体取值见表 4-3。

表 4-3　计算有效压实功时各参数取值

坐标值 \ 端点 / 循环次数	1	2	3	4	5
0	(38.4, 3.38)	(38.43, 3.25)	—	—	—
1	(38.43, 4.38)	(38.7, 5.29)	(39, 4.40)	(39.36, 3.78)	(39.41, 3.5)
2	(39.41, 5.10)	(39.78, 4.72)	(40.02, 4.22)	(40.08, 3.93)	—
3	(40.08, 4.94)	(40.32, 5.14)	(40.5, 4.56)	(40.64, 4.25)	—
4	(40.64, 5.13)	(40.81, 5.10)	(40.97, 4.69)	(41.04, 4.46)	—
5	(41.04, 5.18)	(41.22, 5.08)	(41.34, 4.77)	(41.38, 4.56)	—
6	(41.38, 5.21)	(41.51, 5.16)	(41.63, 4.90)	(41.66, 4.72)	—
7	(41.66, 5.24)	(41.87, 4.92)	(41.92, 4.75)	—	—
8	(41.92, 5.38)	(42.04, 5.01)	(42.13, 4.84)	—	—
9	(42.13, 5.21)	(42.27, 5.00)	(42.3, 4.86)	—	—
10	(42.3, 5.22)	(42.45, 5.02)	(42.47, 4.90)	—	—
11	(42.47, 5.10)	(42.63, 4.97)	—	—	—
12	(42.63, 5.19)	(42.76, 5.04)	—	—	—
13	(42.76, 5.26)	(42.87, 5.07)	(42.89, 4.97)	—	—
14	(42.89, 5.11)	(43.00, 5.02)	—	—	—
15	(43.00, 5.31)	(43.08, 5.10)	(43.11, 5.01)	—	—
16	(43.11, 5.19)	(43.22, 5.11)	—	—	—

注：表中横、纵坐标单位分别为：$\times 10^{-3}$m，$\times 10^{4}$N。

将表4-2中相关参数代入公式(4-13)，可获得模拟压路机从摊铺初始密实度 $G_c\%=85\%$ 压实至终压密实度 $G_e\%=90.82\%$ 的过程中，各加-卸载循环下材料吸收的有效压实功变化特性曲线，见图4-14。加-卸载循环从1次增加至9次时，有效压实功从44.1J减小至8.6J，平均单次加-卸载循环有效压实功下降量为3.94J，呈现快速下降趋势；从9次增加至14次时，压实功从8.6J减小至5.6J，平均单次下降量为1.72J，表现为缓慢下降；从14次增加至16次时，压实功从5.6J减小至5.7J，平均单次下降量为0.05J，即有效压实功基本保持不变。对试验数据采用一阶指数衰减拟合，单次循环荷载材料吸收的有效压实功与压实循环次数间的函数关系如式(4-14)所示，其相关系数为 $R^2=0.99314$。

$$\Delta W_e=405.21835\times e^{-\frac{x}{3.35947}}+5.53519 \tag{4-14}$$

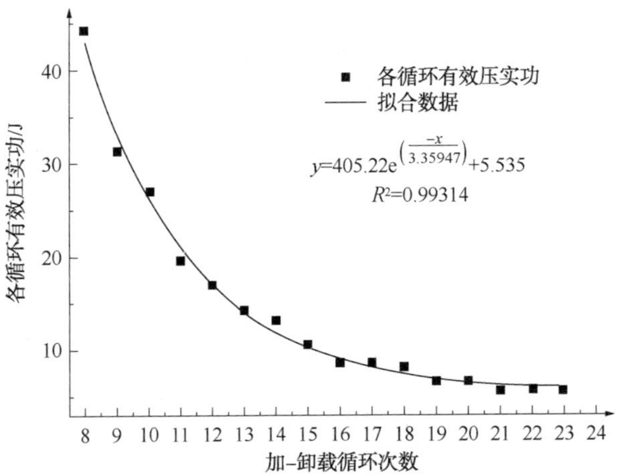

图4-14 各加-卸载循环下材料吸收的有效压实功变化特性曲线

结合式(4-12)，可计算出不同密实度相应的材料高度，进而获得该高度对应的加-卸载循环次数，从而可获得与该加-卸载循环次数相对应的材料有效压实功变化规律，见图4-15，由此可知，材料吸收的有效压实功与密实度间成比例关系增加。对试验数据采用线性拟合，获得二者间的关系如式(4-15)所示，其相关系数为 $R^2=1$。

$$W_{el}=4021.4G\%-3413.9 \tag{4-15}$$

式中，W_{el}为材料吸收的有效压实功；$G\%$为材料的密实度。

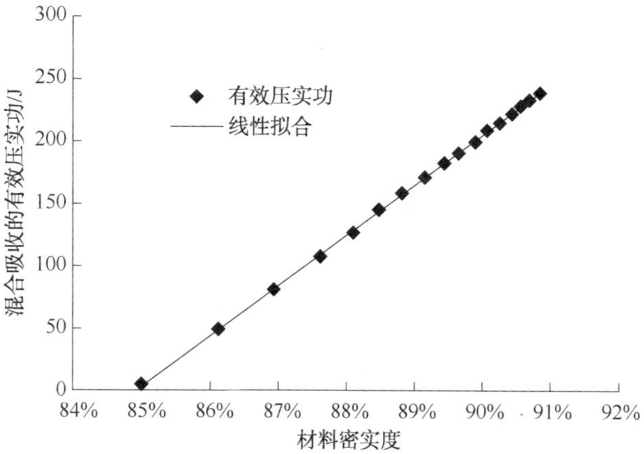

图 4-15　不同密实度材料获得的有效压实功的变化特性曲线

将式(4-11)、式(4-13)代入式(4-2)，可得室内压实单位体积的有效压实功表达式为：

$$W_e^s=\frac{4G\%\times(4021.4G\%-3413.9)}{\pi d^2 h_0 G_e\%} \tag{4-16}$$

将万能试验机的压头直径 $d=0.15$m，成型高度 $h_0=0.07$m，$G_e\%=90.82\%$代入式(4-16)，可得室内压实单位体积的有效压实功计算式：

$$W_e^s=890.15G\%\times(4021.4G\%-3413.9) \tag{4-17}$$

式中，$G\%\geqslant85\%$。

由上述有效压实功等效原理知，公式(4-17)揭示了材料有效压实功与密实度间的匹配规律，适用于不同室内压实方法成型的试件，为室内各种压实成型方法间的压实功等效和路面压实功的计算打下了基础。

4.3.3　室内压实的吸能效率

据有效压实功等效原理可知，在室内其他压实成型方法下，有效压实功亦有和静压成型相同的变化规律。为此，借助马歇尔试验方法，并通过重力势能和击实能的转换关系，获得密实度变化时消耗的击实总功的变化规律。再据 4.1.3 节吸能效率定义，即可获得二者在相同密实度下的吸能效率。

试验在室内环境温度 25℃条件下进行。采用的拌和方法及设备见 2.1.3，拌和完成后将料装入击实试模。击实试验方法参考《公路工程沥青及沥青混合料试验规程》(JTG E20—2011)中的 T 0702—2011“沥青混合料试件制作方法(击实法)”，采用一次成型法，击实高度为标准击实高度 $h_b=457.2\text{mm}\pm1.5\text{mm}$，重锤质量为 $m_b=4.536\text{kg}$，试模内径 $d_s=101.6\text{mm}$，装模质量为 $m_z=1180\text{g}$。马歇尔击实过程中材料的密实度计算方法为：

$$\rho_m=\frac{\gamma_f}{\gamma_t}\times100\% \tag{4-18}$$

式中，ρ_m 为马歇尔击实密实度,%；

经平行试验获得的密实度和试件高度随击实次数的变化曲线见图 4-16。

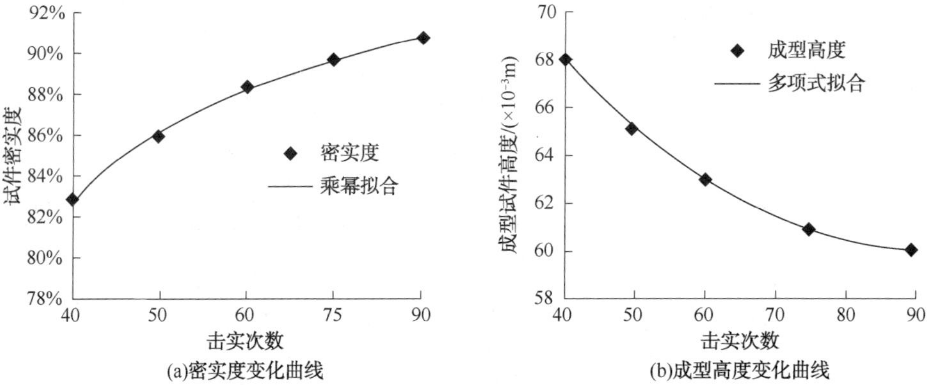

图 4-16　试件密实度和成型高度随马歇尔击实次数的变化曲线

由图 4-16(a)密实度随击实次数的变化曲线知，随着击实次数增加，试件密实度逐渐增大，对试验数据通过乘幂拟合获得的关系式如下，其相关系数为 $R^2=0.9973$。

$$G\%=0.91457-0.56702\times0.95412^{N_m} \tag{4-19}$$

式中，N_m 为击实次数。

由图 4-16(b)知，击实次数增加时，成型高度逐渐减小。对试验数据采用多项式拟合获得的关系式如式(4-20)所示，其相关系数为 $R^2=0.9987$。

$$h_m=2.9\times10^{-6}N_m^2-5.385\times10^{-4}N_m+8.4751\times10^{-2} \tag{4-20}$$

参考文献[100]，马歇尔击实试验的有效击实次数按单面击实计，同时考虑单次击实引起的试件高度变化远小于标准击实高度。据能量转换关系，模拟压路机压实时单位体积成型试样消耗的击实功可表示为：

$$W_m^s=\frac{4(N_m-N_{ms})m_b g h_b}{\pi d_s^2 h_m} \tag{4-21}$$

式中，N_{ms} 为采用马歇尔击实模拟摊铺初始密实度 85%时相应的击实次数。

将 $G\%=85\%$ 代入式(3-19)，可得：$N_{ms}=46.3$。同时联立式(3-19)～式(3-21)，消去中间量 N_m 和 h_m，并将 $h_b=0.4572\text{m}$，$m_b=4.536\text{kg}$，$g=9.8\text{m}\cdot\text{s}^{-2}$，$d_s=0.1016\text{m}$ 代入，可得单位体积成型试样消耗的击实功表达式为：

$$W_m^s=\frac{-1.8405\times10^{10}\times\ln A-5.0466\times10^{10}}{\ln^2A+514.4\ln A+3.1613\times10^4} \tag{4-22}$$

式中，$A=0.91457-G\%$，$G\%\in(85\%,\ 91\%)$。

根据上述有效压实功等效原理和吸能效率定义，可获得室内静压压实时的吸能效率计算式：

$$\eta_s=\frac{W_e^s}{W_m^s}=\frac{890.15G\%\times(4021.4G\%-3413.9)\times(\ln^2A+514.4\ln A+3.1613\times10^4)}{-1.8405\times10^{10}\times\ln A-5.0466\times10^{10}} \tag{4-23}$$

将密实度 $G\%$ 变化范围(85%，91%)分别代入式(4-17)、式(4-22)和式(4-23)，可获得室内压实条件下单位体积的有效压实功、马歇尔击实功和静压压实吸能效率的变化曲线，分别如图 4-17(a)(b)所示。

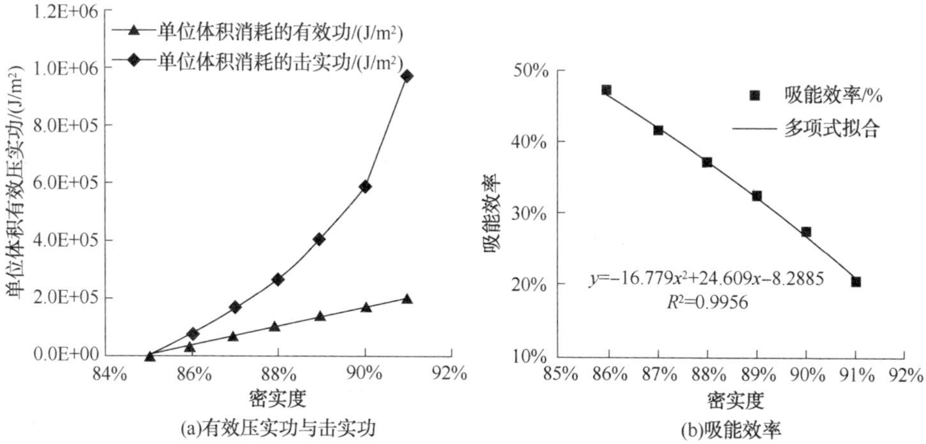

图 4-17　室内条件下压实功及吸能效率的变化曲线

从图 4-17(a)可知，随着试件密实度的增加，单位体积消耗的有效压实功基本呈线性规律增加，进一步分析知，密实度 $G\%$ 从 85%增加到 91%时，每增加 1%的密实度，消耗的相应有效压实功从 $3.1\text{kJ}\cdot\text{m}^{-2}$ 增加至 $3.4\text{kJ}\cdot\text{m}^{-2}$，增幅很小。在密实度变化区间(85%，88%)消耗的击实功呈线性平稳增加，每增加 1%的密实度，平均消耗的有效压实功为 $10.95\text{kJ}\cdot\text{m}^{-2}$，当 $G\%>88\%$ 时则表现为快速增加，相应增幅骤增为 23.44kJ · m^{-2}。由图 4-17(b)可知，吸能效率随密实度增加呈快速下降趋势，密实度 $G\%=85\%$时吸能效率值为 50.6%，而 $G\%=91\%$时为 20.6%。

结合上述吸能效率随密实度的变化规律并进行适当前推和后推，可获得从模拟压实开始到开放路面交通的所需密实度，即全压实域范围 $85\%<G\%\leqslant92\%$内，静压压实吸能效率的变化特性计算模型为：

$$\eta_s=\begin{cases}-16.779G\%^2+24.609\%G\%-8.2885 & G\%\in(85\%,\ 86\%)\cap(91\%,\ 92\%]\\ \dfrac{890.15G\%\times(4021.4G\%-3413.9)\times(\ln^2A+514.4\ln A+3.1613\times10^4)}{-1.8405\times10^{10}\times\ln A-5.0466\times10^{10}} & [86\%,\ 91\%]\end{cases} \tag{4-24}$$

4.4 路面有效压实功计算模型

4.4.1 路面压实的吸能效率

在实际路面铺筑时，首先采用摊铺机振动或振捣方式对材料进行初步压实成型，此过程中不同粒径、形状的集料相互嵌挤填充，形成了具有一定初始密实度的板块结构，据论文前述章节内容初始压实度设计为 $G_s\%=85\%$。静置一段时间后，再采用振动压路机多遍碾压，形成密实的板块结构，终压实度定为 $G_e\%=92\%$。

压路机的振动能量经传输过程中机械损耗后作用于材料，此后能量分三部分消耗掉，其中一部分通过路基的传导耗散，一部分转换为路面材料的可逆弹性应变能耗散，还有一部分则转换为路面材料的非弹性应变能，即前文所述的有效压实功。同时考虑到路面压实属于压路机作用下的无侧限压实，而室内试验则为各压实装置作用下的有侧限压实，故将室内获得的吸能效率应用于实际路面工况时需进行修正。为此，路面压实的吸能效率表示为：

$$\eta_1=\eta_s\eta_r \tag{4-25}$$

式中，η_1、η_r 分别为压路机振动压实时材料的吸能效率和吸能效率修正系数。参考文献[100]，路面压实吸能效率取为 75%。

4.4.2 路面有效压实功的计算方法

参考水泥乳化沥青混合料压实施工工艺[5,155]，材料的压实作业方式包括：

(初压)钢轮压路机的静压、复压(振动压路机)和终压(轮胎压路机或钢轮压路机)。由 4.2.1 节中材料压缩试验压实变形特征可知，复压阶段结束时材料已达到密实状态，终压的作用为消除钢轮碾压时形成的轮迹和整平路面。因此，路面压实有效压实功的计算包括初压阶段振动压路机的不起振静力压实和复压阶段振动压路机的压实。

假设振动压路机以施工速度 v 对摊铺后的材料进行压实，振动频率为 f，n_1 为碾压遍数，则作用于材料的振动压实功[140]为：

$$W_1 = n_1 P \frac{l}{v} = \frac{n_1 fl}{\eta_m v} E_z \tag{4-26}$$

式中，E_z 为振动压路机每冲击一次路面所释放的能量，J；P 为振动压路机的振动功率，W；η_m 为振动压路机振动系统的传动效率。

振动压路机静力压实时对路面材料做功为：

$$W_2 = n_2 Mg\Delta h \tag{4-27}$$

式中，n_2 为振动压路机静力压实的碾压遍数；Δh 为振动压路机静力压实一遍材料高度的变化，m。

假设经压路机静压和振动压实多遍后，路面开放交通所需的密实度 $G_e\% = 92\%$，结合路面压实的吸能效率计算式(4-25)，从而可获得压实过程中作用于材料的有效压实功表达式为：

$$W_1 = \eta_s \eta_r W_1 + \eta'_s \eta'_r W_2 = \frac{\eta_s \eta_r n_1 fl}{\eta_m v} E_z + \eta'_s \eta'_r n_2 Mg\Delta h \tag{4-28}$$

式中，W_1 为压路机压实过程中消耗的有效压实总功 J；η'_s、η'_r 分别为压路机静压时材料的吸能效率和吸能效率修正系数。

振动轮单次冲击路面释放的能量 E_z 包括三部分[140]，即动能、势能和冲击能。

$$E_z = E_k + E_p + E_i \tag{4-29}$$

式中，E_k、E_p、E_i 分别为振动轮作用在地面上的动能、势能和冲击能，J。动能、势能和冲击能分别可表示为：

$$E_k = \frac{1}{2} m_2 v_a^2 \tag{4-30}$$

$$E_p = MgS_e \tag{4-31}$$

$$E_i = b_a \cdot M_e \cos\varphi_a \omega \Delta t \tag{4-32}$$

式中，m_2、M 分别为参振质量和振动轮分配的质量，kg；v_a 为振动轮接触地面时的冲击速度，m/s；S_e 为振动轮冲击路面时材料产生的沉降量，可取 $S_e=1.2A_0$，A_0 为振动压路机的名义振幅，m；b_a 为振动轮冲击路面时的冲击加速度，m/s^2；M_e 为偏心块的静偏心距，kg·m；φ_a 为跳离地面时振动轮运动方向与水平面间的夹角，rad；ω 为振动轴的旋转角速度，即振动频率，rad/s；Δt 为振动轮冲击路面的时间。

考虑振动轮碰撞路面的加速度为速度对碰撞时间的变化率，则有[140]：

$$b_a=\frac{|v_a|}{\Delta t} \tag{4-33}$$

将式(4-32)代入式(4-33)后，可得[140]：

$$E_i=|v_a|\cdot M_e\cos\varphi_a\omega \tag{4-34}$$

列写振动轮振动过程中的运动方程，并将初始边界条件代入，可求得撞击速度 v_a 和相应的振动轴偏心块转角 φ'_a 满足的关系式[140]如下：

$$v_a=[-\varphi'_a+\sin\varphi'_a+\sqrt{B^2-1}(1-\cos\varphi'_a)]\frac{Mg}{m_2}\cdot\frac{1}{\omega} \tag{4-35}$$

$$1-\frac{1}{2}\varphi'^2_a+\sqrt{B^2-1}\varphi'_a=\cos\varphi'_a+\sin\varphi'_a\sqrt{B^2-1} \tag{4-36}$$

$$B=F_0/Mg \tag{4-37}$$

式中，F_0 为振动器产生的离心力，N。

将式(4-30)、式(4-31)、式(4-34)代入式(4-29)，可得：

$$E_z=\frac{1}{2}m_2v_a^2+MgS_e+|v_a|\cdot M_e\cos\varphi'_a\omega \tag{4-38}$$

联立式(4-38)、式(4-28)，同时考虑参振钢轮数量，当振动压路机压实材料到给定密实度92%时，压路机作用于材料消耗的有效压实功进一步可表示为：

$$W_1=\frac{\eta_s\eta_r n_0 n_1 fl}{\eta_m v}\left(\frac{1}{2}m_2v_a^2+MgS_e+|v_a|\cdot M_e\cos\varphi'_a\omega\right)+\eta'_s\eta'_r n_2 Mg\Delta h \tag{4-39}$$

式中，n_0 为参振钢轮数量。

联立式(4-28)、式(4-3)，可获得路面压实作业时，单位体积材料吸收的有效压实功计算式如下：

$$W_{e}^{1}=\frac{\eta_{s}\eta_{r}n_{0}n_{1}f}{\eta_{m}vbh_{l}}\left(\frac{1}{2}m_{2}v_{a}^{2}+MgS_{e}+|v_{a}|\cdot M_{e}\cos\varphi'_{a}\omega\right)+\frac{\eta'_{s}\eta'_{r}n_{2}Mg\Delta h_{2}}{lbh_{1}} \tag{4-40}$$

由上式可知，材料达给定密实度时，单位体积材料吸收的有效压实功由振动压路机静压和振动压实提供的有效压实功确定。后者受四个方面的影响：首先是压路机振动轮单次冲击路面释放的能量，与参振质量、振动轮分配质量、瞬时速度、偏心距、振动轴的转速等压实参数有关；其次是工艺参数，其中与振动频率和碾压遍数成正比，与作业速度成反比；再次是成型路面参数，与碾压宽度和成型厚度均成反比，与路面长度无关；最后与机械传动效率、吸能效率、修正系数等三个参数有关，其中机械传动效率为一常数，吸能效率和修正系数与材料属性、压实装置及其压实方法等相关。

4.5　基于压实功等效的路面压实工艺参数匹配模型

4.5.1　密实度与压实工艺参数的匹配性模型

室内成型和路面压实成型同一材料时，若两成型试件的密实度相等，则由4.1.2节不同压实方法间的有效压实功等效原理及等效关系式可知，二者压实过程中成型单位体积材料所消耗的有效压实功相等，为此联立式(4-17)、式(4-40)可得路面压实工艺参数化模型：

$$890.15G\%\times(4021.4G\%-3413.9)=\frac{\eta_{s}\eta_{r}n_{0}n_{1}f}{\eta_{m}vbh_{1}}\left(\frac{1}{2}m_{2}v_{a}^{2}+MgS_{e}+|v_{a}|\cdot M_{e}\cos\varphi'_{a}\omega\right)+\frac{\eta'_{s}\eta'_{r}n_{2}Mg\Delta h}{lbh_{1}} \tag{4-41}$$

式(4-41)为计算压实成型不同密实度路面的压路机压实作业参数提供了定量参数化的计算方法。对于给定压路机和给定尺寸的成型路面，可计算出达到给定密实度时的不同工艺参数组合，为制定符合实际要求路面的压实施工工艺参数提供了良好的理论指导。

现以铺设成型厚度为 $h_l=7\text{cm}$，宽度为压路机轮宽 $b=2.13\text{m}$，长度为 $l=10\text{m}$ 的路面为例，当路面密实度达 $G\%=92\%$时，制定路面压实工艺参数组合。振动压路机选用某型号双钢轮振动压路机，其主要参数见表4-4。

表 4-4　双钢轮振动压路机技术参数表

参数	轮径 D/mm	轮宽 B/mm	工作质量 m/kg	前/后轮分配质量 m_1/kg	速度范围 v/(km·h^{-1})	振动频率 f/Hz	名义振幅 A_0/mm	激振力/kN	
								高幅	低幅
取值	1214	2130	13500	6850/6650	0~11	42/50	0.75/0.33	145	90

由激振力计算式，参振质量可表示为[140]：

$$m_2 = \frac{F_0}{4\pi^2 A_0 f^2} \tag{4-42}$$

将表4-4中相关参数代入式(4-41)，式(4-42)中，得到压路机在低频高幅、高频低幅两种压实组合方式下对应的各主要参数取值，见表4-5。

表 4-5　两种压实组合方式各参数取值

组合方式	振幅 A_0/mm	频率 f/Hz	参振质量 m_2/kg	系数 B	偏心块转角 ϕ_a/(°)	冲击速度 v_a/(m·s^{-1})	沉降量 s_e/mm	静偏心距 M_e/(kg·m)	角速度 ω/(rad·s^{-1})
低频高幅	0.75	42	2750	2.19	71.80	0.10	0.90	2.06	263.89
高频低幅	0.33	50	2750	1.36	66.89	0.026	0.40	0.91	314.16

将上述参数代入压路机单次振动产生动能、势能和冲击能计算式(4-30)、式(4-31)、式(4-34)，可得前述两种压实工况下相应能量，见表4-6。

表 4-6　两种压实组合方式单次振动产生的能量

组合方式	振幅 A_0/mm	频率 f/Hz	动能 E_k/kJ	势能 E_p/kJ	冲击能 E_i/kJ	总能量 E_z/kJ
低频高幅	0.75	42	14.94	60.75	17.10	91.79
高频低幅	0.33	50	0.89	26.73	2.86	30.49

由表4-5可知，振动压路机采用低频高幅和高频低幅两种组合方式时单次振动产生的能量差异很大，低频高幅时为91.79J，而高频低幅时仅为30.49J，前者约为后者3倍。由4.3.1材料压实变形特性可知，刚摊铺完毕即压实初期时材料较松散，荷载作用后材料的变形以塑性变形和黏塑性变形为主，压实时吸能效率高。而钢轮静力压实作用[86]是凭借压实机械的自重，使得路面材料在压实机械滚动的过程中受迫产生塑性变形的。故初压时采取钢轮压路机静压，复压初期宜采用低频高幅的方式进行压实，快速提升材料的密实度；而在复压后期材料已接近密实状态，压实变形以弹性和黏弹性变形为主，压实时吸能效率低，理论上宜采用高频低幅的方式压实。终压时材料已达到密实状态，适合采用轮胎压路机消

除钢轮碾压轮迹和整平路面，提高材料路面平整度。参考驻马店市公路管理局7cm水泥乳化沥青混合料施工工艺[92]，选用16~20t轮胎压路机进行终压。

为此，制定的压实工艺为：摊铺结束后初压阶段采用振动压路机不起振静力压实两遍，复压阶段先采用振动压路机低频高幅组合方式压实若干遍，再采用低频高幅或高频低幅方式压实若干遍，终压阶段采用轮胎压路机压实2遍。

取机械传动效率 $\eta_m=0.8$，振动轮数 $n_0=2$，参考万能试验机压缩试验压实数据，取初压阶段路面位移沉降量 $\Delta h=1$mm，同时将振动压路机提供的有效压实能分为静压和振动压实两种组合工况，将表4-4、表4-5相关参数代入式(4-41)，可得：

$$890.15G\%\times(4021.4G\%-3413.9)=\eta_s\eta_r\left(1539.07n_{11}\frac{f_1}{v_1}+511.23n_{12}\frac{f_2}{v_2}\right)+177.46\eta'_s\eta'_r \tag{4-43}$$

式中，n_{11}、n_{12}为振动压路机分别采用低频高幅和高低频幅时相应的压实遍数，其中 $n_1=n_{11}+n_{12}$；v_1、v_2 为振动压路机分别采用低频高幅和高频低幅时相应的碾压速度，$\mathrm{m\cdot s^{-1}}$；f_1、f_2 为高、低频振动频率，Hz。

等号左边项为压实单位体积材料达到给定密实度时所需的压实功，右边项为压实过程中给定作业参数下压路机提供给单位体积路面材料的压实功，其中第一项、第二项分别为振动压路机在低频高幅和高频低幅两种作业工况下提供的压实功；第三项为振动压路机静压两遍所做的压实功。

式(4-43)有效揭示出压实作业工况下密实度与压路机压实作业参数压实遍数、压实速度和频率间的匹配关系，为给定压实度下作业参数组合的选择、优选工艺参数组合的确定、施工工艺的制定提供了理论依据。

4.5.2 优选压实工艺参数组合的确定

振动压路机压实过程中，碾压速度[171]对压实质量影响显著。碾压速度过低可能会对材料形成过压，碾压速度过高时，可能产生漏压，路面还可能会产生推移、横向裂纹和波纹现象，降低了压实质量和效率。当振动轮直径一定时，碾压速度可通过振动冲击间距来确定。在保证压实质量下，碾压速度可表示为：

$$v=3.6\Delta l\cdot f \tag{4-44}$$

式中，Δl 为冲击间距，m；v 为碾压速度，$\mathrm{km\cdot h^{-1}}$。

考虑振动压路机钢轮直径为1214mm，由文献[171]可知，合理的冲击间距 Δl 范围为[25mm，30mm]，因此计算碾压速度时选择该范围的两个边界点，即低速时取 $v=0.09f$，高速时取 $v=0.108f$。再结合低频高幅、高频低幅两种振动压实工况，可确定振动压路机的作业参数见表4-7。将表4-4、表4-5相关参数代入式(4-26)、式(4-39)中，可得采用不同振动压实模式压实一遍时压路机所做的有效压实功。

表4-7 振动压实作业参数组合表

振动压实模式	振动频率 f/Hz	名义振幅 A_0/mm	碾压速度 v/(km·h^{-1})	碾压一遍做功/kJ
低频高幅	42	0.75	3.78	68.84
			4.536	57.37
高频低幅	50	0.33	4.5	22.86
			5.4	19.05

现计算终压密实度 $G\%=92\%$ 所需的相应工艺参数组合。考虑压路机碾压过程中路面密实度实时变化，相应的吸能效率也随时变化。参考万能试验机压缩试验数据，取初压阶段路面位移沉降量 $\Delta h=1$mm，由式(4-12)可推算得出初压阶段采用振动压路机静力压实后的路面密实度为86.2%，从图4-17(b)吸能效率曲线可推得静力压实吸能效率 $\eta'_s=50\%$。复压阶段取整个压实过程吸能效率的平均值作为其吸能效率等效值，结合吸能效率计算模型式(4-23)，计算得 $\eta_s=30\%$。考虑到室外作业工况和室内间的差异性，由式(4-25)及 $\eta_1=75\%$，取吸能效率修正系数 $\eta'_r=1.5$，$\eta_r=2.5$。将相关参数代入式(4-43)，计算出路面密实度达92%时的压实工艺参数组合，见表4-8，密实度达92%所需的理论做功和不同组合实际做功比较见表4-9。

表4-8 压实工艺参数组合表

压实工序 / 碾压遍数	初压(13.5t振动压路机)	复压(13.5t振动压路机)				终压(16~20t轮胎压路机)
组合	静压	低频高幅		高频低幅		静压
		低速	高速	低速	高速	
一	2	4	—	3	—	2
二		4	—	—	4	
三		—	5	3	—	
四		—	5	—	3	
五		5	—	—	—	
六		—	6	—	—	
七		—	—	15	—	
八		—	—	—	19	

表 4-9 不同压实工艺参数组合做功比较

组 合	做功比较	
	理论有效压实功/kJ	实际做功/kJ
一	349	343.96
二		351.58
三		355.43
四		344.00
五		344.21
六		344.21

表 4-8 给出了八个压路机压实工艺参数组合，其中组合七、八分别采用双钢轮压路机高频低幅低速压实 15 遍和高频低幅高速压实 19 遍，显然占用工时太长，不满足路面压实施工要求。故初步确定了组合一、二、三、四、五、六作为材料路面压实施工工艺参数组合，后面将对这些参数组合分别进行仿真分析和路面压实试验，从而优选出压实效果最佳的工艺参数组合，为材料路面压实工艺的制定提供参考。

4.6 小结

(1) 万能试验机压缩试验充分反映了材料在压实过程中受时间和荷载影响的力学响应曲线变形特征以及复杂动态变化的材料流变特性，即随着材料密实程度的增加，材料塑性和黏塑性变形减小，而弹性和黏弹性变形增大。

(2) 基于最小耗能和功能等效原理，结合万能试验机压缩试验得到的力学响应曲线，建立了材料室内有效压实功的计算模型，通过分析马歇尔击实和压缩试验结果，获得室内压实材料达到不同密实度时的吸能效率。

(3) 通过对材料室内压实吸能效率的修正获得路面压实的吸能效率，进一步建立路面有效压实功的计算模型。通过将室内和路面有效压实功进行等效得出目标密实度与压实工艺参数间的匹配模型，为给定密实度下压实工艺参数组合的选择提供了理论依据。

(4) 根据材料压实黏弹塑流变特性，确定出压实施工工艺如下：初压阶段采用振动压路机不起振静力压实两遍，复压阶段先采用振动压路机低频高幅压实若干遍，再采用低频高幅或高频低幅压实若干遍，终压阶段采用轮胎压路机压实两遍。同时，结合匹配规律模型进一步确定出系列工艺参数组合。

5 MOH 材料的压实黏弹塑性建模

通过第 2 章中关于材料强度形成机理可以看出，压实过程中随着乳化沥青破乳出来水分的逐步蒸发，矿料表面沥青分子的作用逐步发挥，使得材料的黏聚力逐渐增加，故其压实过程中应具有和热沥青混合料不一样的变形和流变特性。从分析材料压实过程中的应力-应变变形特性入手，建立与时间和载荷历程均相关且反映弹性、黏性和塑性复合特征的压实过程黏弹塑性模型[78-79]。从物理本构关系层面研究材料的压实流变特性可为下一步进行压实工艺参数组合的仿真分析奠定理论基础。

5.1 路面材料压实非线性分析理论

路面各层次组成材料应力应变本构关系的确定是进行结构分析的基础，非线性结构问题是指结构的刚度随其变形而改变的问题，将荷载与结构的响应看作线性关系只是一种简单的近似。非线性的来源主要有材料非线性、几何非线性及边界非线性。当分析路面结构层非线性特性问题时，与线弹性相比最大的不同是，材料的物理本构关系发生了变化[172]。而材料非线性问题可分为两类[173]：

一类是：不依赖于时间的弹塑性问题。其特点是当荷载作用以后，材料变形立即发生，并不再随时间而变化。

另一类是：依赖于时间的黏、弹、塑性变形问题。其特点是荷载作用以后，材料不仅立即变形，而且变形随时间而继续变化，在荷载保持不变的条件下，由于材料黏性而继续增长的变形称之为蠕变，另一方面在变形保持不变的条件下，由于材料黏性而使应力衰减称之为松弛。

几何非线性指结构经受大变形后，其变化的几何形状可能引起结构的非线性响应，必须采用非线性的几何方程并在变形后的结构形状与位置上列出平衡方程[173]。边界非线性指在接触和碰撞问题中，接触边界是变动的、接触条件是高度非线性的[173]。

5.2 路面材料压实非线性分析本构模型

材料万能试验机压实试验表明，受乳化沥青破乳出水的影响，压实过程中沥青的黏性作用逐步发挥，材料表现出弹性、黏性和塑性交织变化的变形特征，且材料变形属于大变形范畴，变形后试验机压头和材料试件的接触边界是变动的，因此材料的压实变形以材料非线性为主，兼有几何非线性和边界非线性的特点。仅靠单一的黏弹性本构模型或塑性本构模型分析其压实变形特性将会产生较大的偏差。目前尚未检索到针对 MOH 类混合料压实过程的黏弹塑性模型。部分学者研究了沥青混合料在压实过程中变形特性的本构模型，下面先对沥青混合料的本构模型进行介绍。

5.2.1 沥青混合料本构模型

沥青混合料本构模型是用于描述沥青混合料受时间和荷载影响的应力和应变随时间变化关系的数学物理模型，其本构模型以黏弹性模型居多，其中以 Kelvin 模型、Maxwell 模型、Burgers 模型最为典型，其他模型则均是在上述模型的基础上派生组合而成。部分学者将沥青混合料本构模型定义为黏塑性模型，如 Bingham 模型和 Uzan 模型等，还有部分学者将沥青混合料本构模型定义为弹塑性模型，如 Prandtl-Reuss 模型、Von. Mises 本构模型等。一些学者通过试验得出，在低温和较小应力作用的条件下，沥青混合料表现为线性黏弹性，在中、高温和较大应力作用的条件下，呈现出非线性的黏性和黏塑性特征[173]。由此可见，沥青混合料的力学响应变形特征需采用非线性黏弹塑性本构模型去描述。沥青混合料黏弹塑本构模型主要有 Perzyna、西原模型、Schapery 等本构模型，且该类型模型理论多以存在屈服面为基本前提，涉及模型的初始屈服准则、强化规律、流动法则和加卸载等问题[97]，多数模型形式复杂且参数较多，大多数模型适用于小变形和小应变，而对于高温大变形的较松散的沥青类混合料，基本不能满足力学需要，而且这些理想化的模型未必符合实际或不便于应用。因此有所谓无屈服面黏弹塑性理论，如 Valanis 内时理论，Cernocky-Krempl 模型，Bodner-Partom 本构方程，以及其他一些幂律关系等，这其中以 B-P 模型最为著名[174-178]。

5.2.2 Bodner-Partom 本构模型

Bodner-Partom[179-186]（B-P）模型作为一个典型的非耦合类模型，广泛应用于航空发动机材料、固体和流体力学、建筑材料、铝合金等各个领域材料的黏弹塑性建模与分析研究，其利用各向同性硬化变量与方向硬化张量以描述材料的非弹性大变形。在材料塑性流动过程中，没有屈服面假设与加载卸载准则，并在大变形分析中通过引进塑性功扩展原有理论的适用范围，提出黏弹塑性强化材料的本构关系。这一理论认为，在变形过程中同时含有弹性变形、黏弹性、塑性和黏塑性变形，亦即可逆的与不可逆的变形同时出现在材料受载过程的各个阶段。采用内变量表示材料抵抗塑性变形的非弹性状态，较经典的弹塑性蠕变理论更精确地模拟复杂载荷条件下材料的力学响应。

B-P 统一黏弹塑性本构模型的基本方程包括：流动法则、动力学方程和内变量演化方程[173-174,179-180]。

（1）流动法则

B-P 模型中总应变率表示为弹性和非弹性两部分。

$$\dot{\varepsilon}_{ij}=\dot{\varepsilon}_{ij}^{\mathrm{e}}+\dot{\varepsilon}_{ij}^{\mathrm{p}} \tag{5-1}$$

式中，弹性应变率分量 $\dot{\varepsilon}_{ij}^{\mathrm{e}}$ 由胡克定律中的时间微分形式给出；非弹性应变率分量 $\dot{\varepsilon}_{ij}^{\mathrm{p}}=\dot{e}_{ij}^{\mathrm{p}}=\lambda S_{ij}$，$\dot{e}_{ij}^{\mathrm{p}}$、$S_{ij}$ 分别为塑性应变率偏量和应力偏量。

（2）动力学方程

$$\text{动力学方程为：}D_2^{\mathrm{p}}=D_0^2\exp\left[-\left(\frac{Z^2}{3J_2}\right)^n\right] \tag{5-2}$$

式中，$Z=Z^{\mathrm{I}}+Z^{\mathrm{D}}$；$D_2^{\mathrm{p}}=\dfrac{1}{2}\dot{e}_{ij}^{\mathrm{p}}\dot{e}_{ij}^{\mathrm{p}}=\dfrac{1}{2}\lambda^2S_{ij}S_{ij}=\lambda^2J_2$；$D_2^{\mathrm{p}}$、$J_2$ 分别为塑性应变率第二不变量和应力偏量第二不变量；D_0 是 D_2^{p} 在高应力下的极限值；n 为应变率敏感系数；Z 为加载历史依赖的硬化常数，用于衡量非弹性变形抵抗力，为一内部变量。

（3）内变量演化方程

内变量包括各向同性硬化分量 Z^{I} 和方向性硬化分量 Z^{D} 两种，分别可表示为：

$$Z^{\mathrm{I}}=m_1[Z_1-Z^{\mathrm{I}}]W_{\mathrm{p}}-A_1Z_1\left[\frac{Z^{\mathrm{I}}-Z_2}{Z_1}\right]^{r_1} \tag{5-3}$$

$$Z^{\mathrm{D}}=\beta_{ij}u_{ij} \tag{5-4}$$

式中，$W_{\mathrm{P}}=\sigma_{ij}\dot{\varepsilon}_{ij}^{\mathrm{p}}$，为塑性功应变率，是硬化的量度，$\sigma_{ij}$ 为应力张量；β_{ij} 为 Z^{D} 的主应力，u_{ij} 为 Z^{D} 的方向余弦；Z_1、Z_2、m_1、A_1 为材料参数，其中与温度相关的参数有 Z_2、A_1，其余参数与温度无关。

联立式(5-1)~式(5-4)，可得 B-P 模型表示的材料本构关系表达式为：

$$\dot{\varepsilon}_{ij}^{e}=\frac{\sigma_{ij}}{E} \tag{5-5}$$

$$\dot{\varepsilon}_{ij}^{p}=D_0\left\{1-\exp\left[-\frac{n+1}{2n}\left(\frac{Z}{\sigma_{ij}}\right)^{2n}\right]\right\}\frac{\sqrt{3}S_{ij}}{\sigma_{ij}} \tag{5-6}$$

5.3 基于有效平均应力的 B-P 本构模型及其参数识别

由 3.1 节压缩试验分析结果可知，整个压实过程中材料的弹性变形和非弹性变形始终交织在一起，与文献[80]所述的 B-P 模型的黏弹塑耦合效应特征相一致，为此采用通过内变量描述材料非弹性变形的 B-P 本构模型，从而揭示材料压实变形过程中的黏弹塑性变形机理。借助前述材料试样空隙率的计算式，进一步引入有效平均应力表征该材料实际所受应力的动态变化，构建基于有效平均应力的 B-P 本构模型。对蠕变应变-时间数据进行非线性拟合，确定复压阶段循环荷载过程中的模型参数值，分析该材料在压实过程中的黏弹塑性变形机理。

5.3.1 基于有效平均应力的 B-P 本构模型的构建

选取图 4.8 Ⅰ 阶段进行分析，图 5-1、图 5-2 为该阶段加载和恒载下的常应力 σ_0、应变 ε 随时间的变化曲线图。

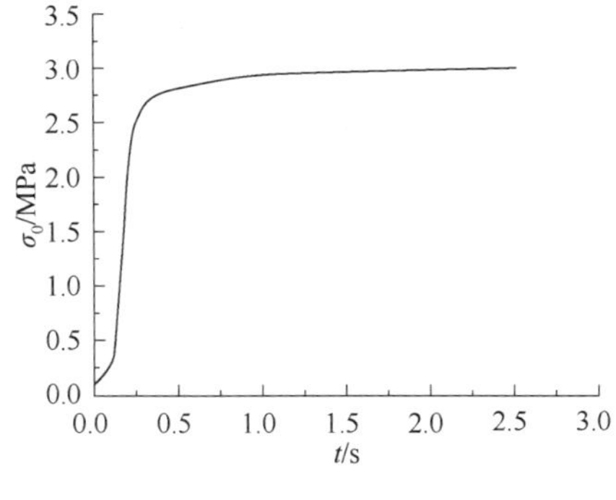

图 5-1 应力随时间的变化曲线

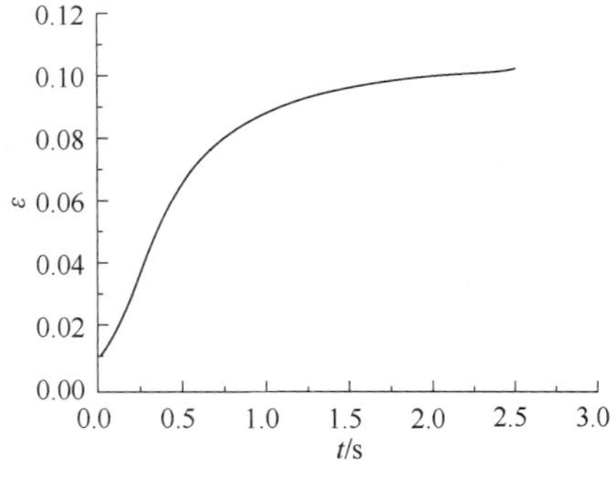

图 5-2 应变随时间的变化曲线

鉴于模型关键参数 σ_{ij} 取常应力时，不能充分反映材料试样空隙率的变化对实际所受应力的影响。为此 B-P 模型中的应力 σ_{ij} 选取与试样空隙率密切相关的

有效平均应力 σ_e。材料压实过程为常温压实，忽略温度变化影响，则：

$$\sigma_e=\sigma_0/\left(1-\frac{VV_1}{100}\right)=\frac{[h_0-10.565-1.71\ln(n-0.447)]\sigma_0}{0.9082l} \quad (5-7)$$

式中，σ_e 为有效平均压力，MPa；σ_0 为试验机压头施加给材料的应力，即图 6 所示曲线值，MPa。

将图 3.5 的压实变形数据及 σ_0 代入式(5-7)，可获得 σ_e 随循环荷载次数的变化规律见图 5-3，还可得首次循环荷载中 σ_e 与应变 ε 的关系见图 5-4。

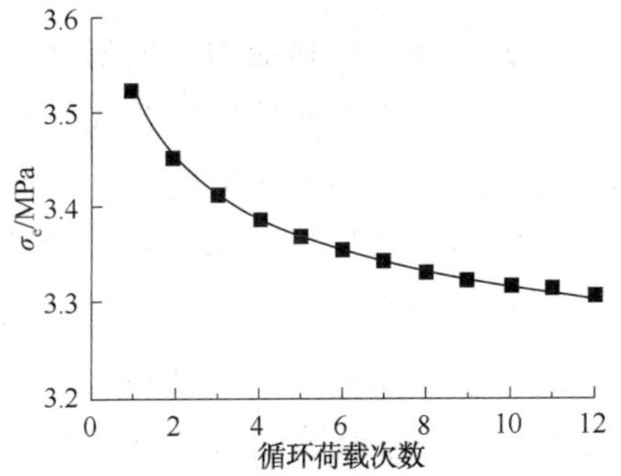

图 5-3　有效平均应力随循环荷载的变化

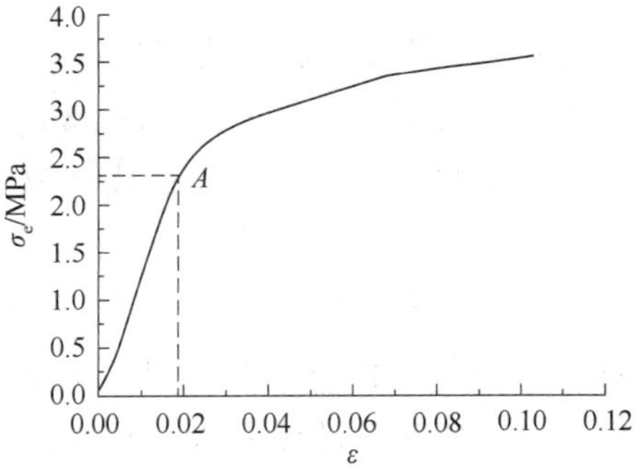

图 5-4　有效平均应力与应变的关系曲线

由上述材料压缩试验变形特征可知，压实过程黏弹塑性变形分为弹性、非弹性变形两部分，材料蠕变应变为总应变减去瞬时弹性变形相应的应变，即黏性应变 ε_{ij}^{η}和塑性应变 ε_{ij}^{p}的和。

黏性应变：$\dfrac{d\varepsilon_{ij}^{\eta}}{dt}=\dfrac{\sigma_e}{\eta}$　　$\varepsilon_{ij}^{\eta}=\int_0^t\dfrac{\sigma_e}{\eta}dt=\dfrac{\sigma_e}{\eta}t$

塑性应变：由式(5-6)得：$\dfrac{d\varepsilon_{ij}^{p}}{dt}=\dfrac{2}{\sqrt{3}}D_0\left\{1-\exp\left[-\dfrac{n+1}{2n}\left(\dfrac{Z}{d\sigma_e/dt}\right)^{2n}\right]\right\}$

$$\varepsilon_{ij}^{p}=\int_0^t\frac{2}{\sqrt{3}}D_0\left\{1-\exp\left[-\frac{n+1}{2n}\left(\frac{Z}{d\sigma_e/dt}\right)^{2n}\right]\right\}dt$$

$$=\frac{2}{\sqrt{3}}D_0\left\{1-\exp\left[-\frac{n+1}{2n}\left(\frac{Z}{\sigma_e}t\right)^{2n}\right]\right\}$$

可导出考虑有效平均应力的材料压实过程 B-P 本构模型：

$$\varepsilon_t=\varepsilon-\varepsilon_{ij}^{e}=\varepsilon_{ij}^{\eta}+\varepsilon_{ij}^{p}=\frac{\sigma_e}{\eta}t+\frac{2}{\sqrt{3}}D_0\left\{1-\exp\left[-\frac{n+1}{2n}\left(\frac{Z}{\sigma_e}t\right)^{2n}\right]\right\} \quad (5-8)$$

式中，ε_t 为蠕变应变；ε 为总应变；ε_{ij}^e 为瞬时弹性应变；η 为黏性系数；t 为蠕变时间。

5.3.2 B-P 本构模型参数变化规律

图 5-4 所示应力 σ_e 与应变 ε 满足：

$$\sigma_e = E_x \varepsilon \tag{5-9}$$

式中，E_x 为曲线斜率，点 A(0.018，2.26)前 E_x 近似为一定值，应力 σ_e 与应变 ε 呈线性关系，为此将该曲线斜率称为弹性常数，相应的应力应变曲线对应于材料的瞬时弹性变形阶段；A 点之后的 E_x 呈减小趋势，相应的应力应变曲线对应材料的非弹性变形阶段。因此，点 A 称为弹性临界点。通过将图 5-4 所示的总应变与点 A 对应的瞬时弹性应变值作差，即可得到相应的蠕变应变值。将蠕变应变、时间代入式(5-8)进行多元非线性回归拟合，从而获得 B-P 模型参数值。其余 11 次加卸载循环下的模型参数分析亦可采用类似方法，12 次荷载循环下 B-P 模型各参数值的变化见图 5-5。

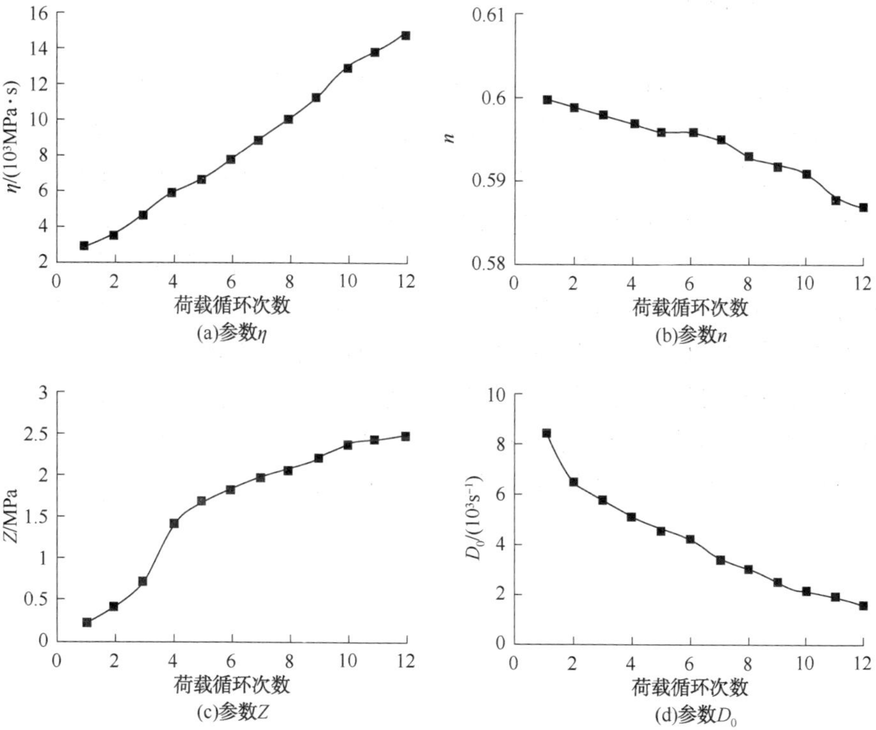

图 5-5　B-P 模型参数随荷载循环次数变化规律

分析上图中各模型参数随循环荷载次数的变化规律可知：

(1) 随着压实程序的推进，材料各黏弹塑性模型参数逐渐发生变化，不同参数的变化规律反映材料在不同压实阶段的流变特性。

(2) 在不同循环荷载作用下，黏性参数 η 随着材料的进一步压实而呈近似线性增长趋势，说明压实过程中材料黏性性质逐渐增强，塑性和黏塑性变形逐渐减小，而弹性和黏弹性变形逐渐增大，从而使材料总应变率逐渐减小，这与压力机试验得到的材料流变特性相吻合。因为压实作用促进材料矿料间隙中水分的析出，进而促进沥青的黏性作用显现，导致沥青和矿料的黏附性增加；n 控制塑性变形增长率和敏感性，其基本为一定值，可见压实过程中温度相对稳定；Z 作为非弹性变形抵抗力的衡量标准，随着荷载作用次数的增加而呈现非线性递增的趋势，说明随着材料密实程度的增加，材料的塑性和黏塑性应变率逐渐减小；D_0 是 D_2 在高应力下的极限值，随着荷载作用次数的增加呈非线性减小趋势，说明单次循环荷载中塑性变形占总变形的比例逐渐减小。

5.4 小结

(1) 通过分析材料的压实过程变形特征，得出材料的压实变形以材料非线性为主，兼有几何非线性和边界非线性的特点。

(2) 基于材料试样空隙率的计算方式，进一步提出表征材料实际所受应力的有效平均应力的计算方法，进而构建出基于有效平均应力的 B-P 本构模型。

(3) 通过对材料 B-P 模型参数的变化规律分析，得出其黏弹塑流变特性：压实过程中材料的黏性增强，塑性和黏塑性应变率逐渐减小，而弹性和黏弹性变形逐渐增大，温度稳定对材料的塑性应变率影响较小。该黏弹塑性动态流变特性和基于万能试验机压缩试验获得的材料流变特性相一致，表明基于有效平均应力的 B-P 本构模型从数学物理层面揭示了材料的压实黏弹塑性变形机理，为下一步进行压实工艺参数组合的仿真分析奠定了理论基础。

6　基于有限元分析的 MOH 材料路面压实工艺参数研究

由第 4 章可知，MOH 材料的压实变形具有非线性黏弹塑性特征，为了预测压路机在相同压实功下不同工艺参数组合的压实效果，必须借助有限元分析软件对该系列工艺参数组合进行仿真分析。ANSYS 软件作为一个功能强大的有限元分析软件，可将非线性有限元增量法引入到蠕变问题的分析中，这一章对不同压实工艺参数组合进行有限元仿真分析，求解得出其力学响应，通过对比、分析和论证优选出若干组压实工艺参数组合。

6.1　MOH 材料的路面压实有限元建模

6.1.1　有限元模型的建立

（1）模型的假设及简化

本章有限元模型由 MOH 材料面层、水泥稳定碎石基层、土基和钢轮四种材料模型构成。由第 4 章 MOH 材料压实过程黏弹塑性变形特性可知，材料在初压和复压阶段的变形以塑性和黏塑性为主，即路面刚度较小，钢轮不会发生跳振现象，因此钢轮与路面间的接触可视为非跳起的完全接触压实过程。路面结构的分析模型假设如下：土基、基层为各项同性均质的弹性体系，以材料参数弹性模量 E 与泊松比 μ 表示；路面层 MOH 材料视为各向同性的黏弹塑性材料；土基、基层、面层间接触条件为完全连续，压路机与路面为瞬态动力学压实状态。

本次计算以某双钢轮振动压路机为计算模型，该压路机技术参数见表 4-2。本模型中将压路机钢轮简化为一矩形块，见图 6-1。矩形块的尺寸 $L\times B$ 即为钢轮与路面的接触区域尺寸，其中 L 为钢轮的宽度，B 为钢轮接地宽度，可以表示为[187]：

$$B=\frac{D}{2}\sin(U) \tag{6-1}$$

式中，D 为钢轮的直径；U 为振动轮的轮阻角，通常取 $U=8.836B$。

将表 3-3 数据代入式(6-1)，求得 $B=0.2976$m。

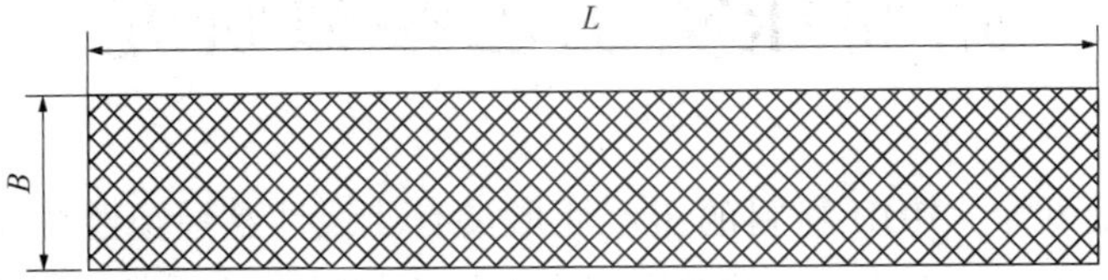

图 6-1　矩形块尺寸

由于振动压路机以速度 v 沿水平方向移动，则将压路机行走碾压过程等效为矩形块以速度 v 匀速前进。每经历一个时间微元 Δt，矩形块的中心坐标向前平移 Δx，$\Delta x=v\Delta t$。

建立路面结构层分析模型时应尽量将模型尺寸取大，参考文献[188]，本章计算所采用的模型尺寸为 5m×5m×1.59m，土基、基层、面层的厚度分别为 1m、0.5m 和 0.09m，各结构层尺寸见图 6-2。面层、土基、基层和矩形块均采用 SOLID186 单元类型，有限元分析模型见图 6-3。参考文献[189]，后三种结构层采用线弹性模型，模型材料参数取值见表 6-1。面层采用的模型及模型材料参数的取值计算过程在后面章节详细阐述。

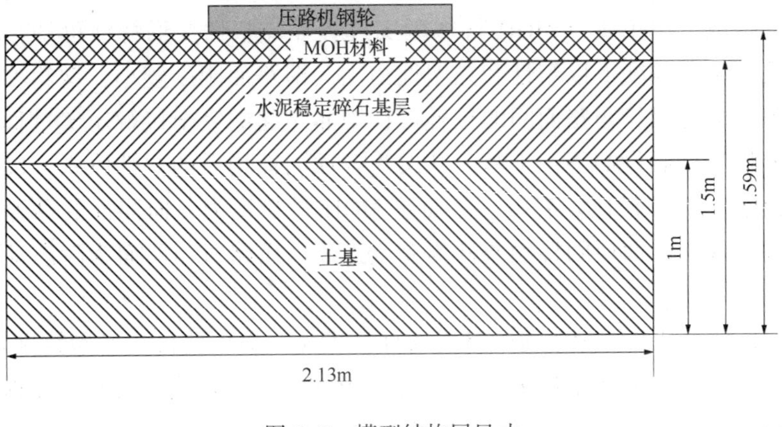

图 6-2　模型结构层尺寸

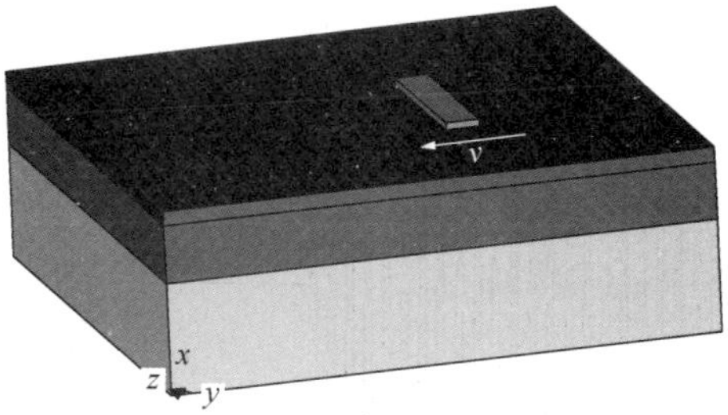

图 6-3 有限元分析模型

表 6-1 材料参数表

材料类型	材料参数	
	弹性模量/MPa	泊松比
水泥稳定碎石基层	1200	0.2
土基	300	0.4
钢轮	2.06×10^5	0.3

网格划分时土基、基层、面层和矩形块均采用扫掠划分网格，见图 6-4。

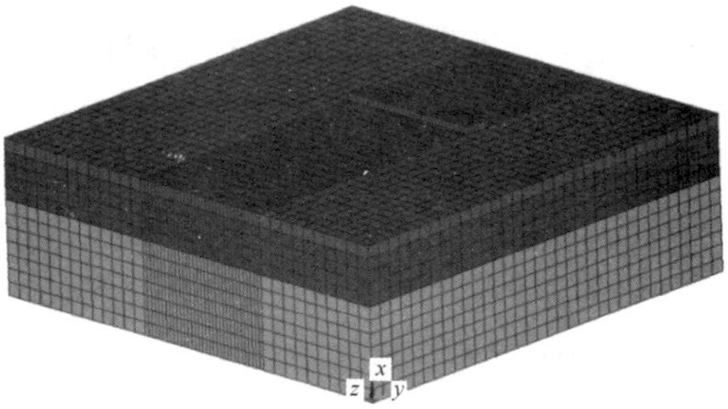

图 6-4 模型网格划分图

（2）边界条件和施加载荷

边界条件设置中，将土基限制了竖直 z 方向的自由度，基层和面层限制了水平 x 和 y 方向的自由度。为了使载荷加载更接近实际工况，载荷加载位置为钢轮质心位置。载荷计算依据为：

$$F=G+F_0\sin(2\pi ft) \tag{6-2}$$

式中，F 为振动作用力；G 为分配到振动轮上的钢轮的重量；F_0 为振动压路机激振力；f 为激振力对应的频率。

载荷具体加载过程见图 6-5。

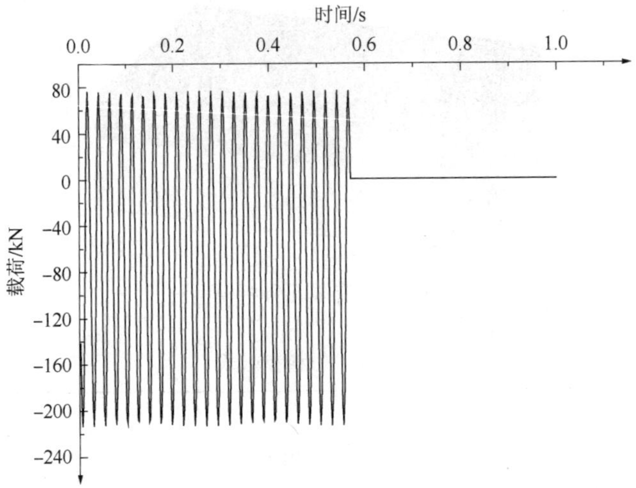

图 6-5　振动作用力加载变化情况

6.1.2　MOH 材料面层参数的确定

(1) 黏弹塑性蠕变的有限元求解

蠕变是指在常荷载作用下，不可恢复的应变随时间的变化持续增加的现象。在已知应力、应变和时间关系的情况下，把有限元法引入到蠕变问题的分析是可行的。蠕变应变发展速率不仅依赖于应力和应变的瞬时状态，同时，一般还依赖于过去的加载历史。这样，确定在某个时间间隔内的蠕变应变增量，需要知道在先前时间间隔的应力应变状态[36]。

由第 3 章内容可知，MOH 材料在压实过程中表现出复杂的黏弹塑性流变特性，其应力应变呈现为典型的非线性关系，永久变形主要由塑性和黏塑性变形组成，下面介绍 MOH 材料的黏弹塑性蠕变的有限元分析方法。非线性有限元分析一般以增量法求解为主，每个增量步又辅以平衡迭代，最终归结为非线性代数方程组的解法。蠕变应变的计算采用有限元计算中的增量法进行[190]，由于蠕变应变指的是常应力作用下的应变，故将时间步长设定为 0.001s，在此时间间隔内应力变化可忽略不计。

(2) 面层参数的确定

由第 4 章内容可知，MOH 材料 B-P 本构模型参数在压实过程中是不断变化的，为了精确模拟压路机对材料的压实效果，需要确定出不同荷载和时间历程下的面层材料参数值。ANSYS 提供的材料模型库中没有 B-P 模型，ANSYS 定义材料模型时，蠕变行为以蠕变应变率方程的形式给出，考虑到 MOH 材料压实变形是与率相关的应力-应变的非线性蠕变行为，参考沥青材料的蠕变规律——Bailey-Norton 蠕变规律，拟采用修正时间硬化模型。以第 4 章万能试验机压缩试验复压阶段的首次循环荷载为例，由图 6-6 中实际应变、B-P 模型拟合应变和修正时间硬化模型蠕变应变拟合曲线可知，采用修正时间硬化模型拟合的蠕变应变和采用 B-P 模型拟合的应变的相关系数为 0.9952，采用修正时间硬化模型拟合的蠕变应变和 MOH 材料实际应变的相关系数为 0.9958，故选用 Modified Time Hardening(Primary)作为 MOH 面层材料的蠕变分析模型。

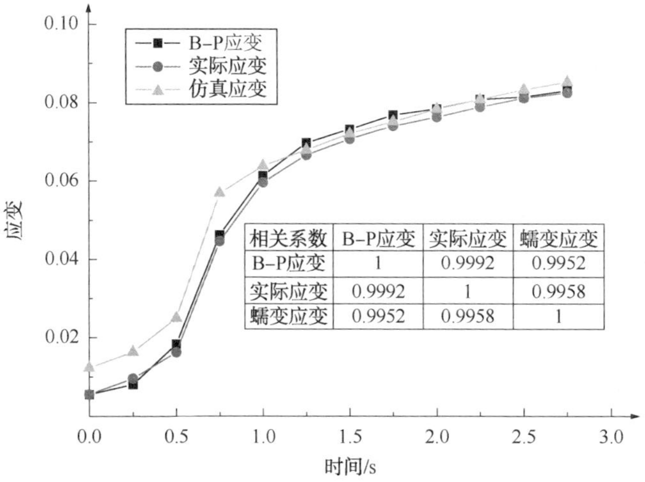

图 6-6　三种曲线对比

该蠕变分析模型方程如下：

$$\varepsilon_t = c_1 \sigma^{c_2} t^{c_3+1} e^{-c_4/T} / (c_3+1) \tag{6-3}$$

式中，ε_t 为蠕变应变；σ 为应力；t 为时间；T 为温度；c_1、c_2、c_3、c_4 分别为相关系数。

该蠕变分析模型材料参数包括蠕变参数值和弹性模量值。

通过第 4 章万能试验机压缩试验我们已经获得常温下的应变-时间曲线，假定试验时的温度恒定不变或变化很小，则有系数 $c_4=0$，c_1、c_2、c_3 可由 Origin 非线性回归拟合得出。首次荷载的蠕变拟合曲线见图 6-7，可得 $c_1=1.52512\times10^{-6}$，$c_2=0.6$，$c_3=-0.75928$。复压和终压阶段的模型参数值采用将实时提取出的应力 σ_e 与应变 ε 带入式(6-4)进行回归拟合的方式求出。

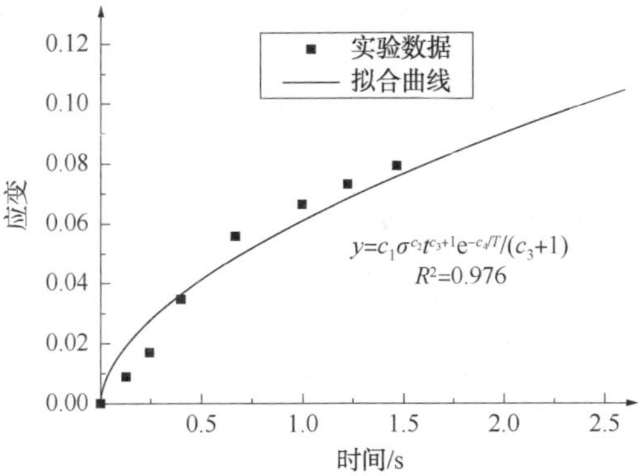

图 6-7　应变实测数据和拟合曲线

由图 5-4 可知：A 点之前的曲线近似为一直线，所以在图 6-8 中截取该段曲线进行线性拟合，可以获得静压阶段的弹性模量 E 为 114MPa，复压和终压阶段的弹性模量 E 值采用将相应应力 σ_e 随应变 ε 变化的曲线进行相同的处理方式得出。

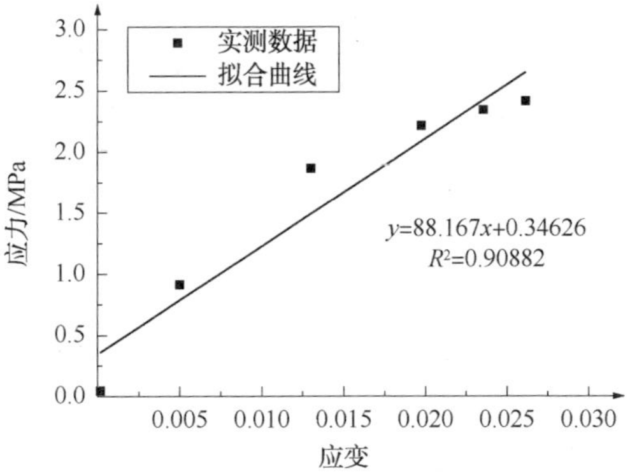

图 6-8　弹性模量拟合图

参考文献[188]，MOH 面层材料泊松比取值为 0.25。

6.2　路面压实工艺参数的有限元分析

6.2.1　不同压实工艺参数组合对材料竖向位移和密实度的影响

通过对第 4 章确定的六组压实工艺参数组合进行有限元仿真分析，组合三第七遍压实后的竖向位移分布云图见图 6-9。由图可知，较大的竖向变形总体上呈

“U”形分布，说明振动轮的主要影响范围是轮下“U”形区域，最大变形主要发生在轮压正下方，且材料的竖向位移值由内向外，由材料表层向下逐渐减小。

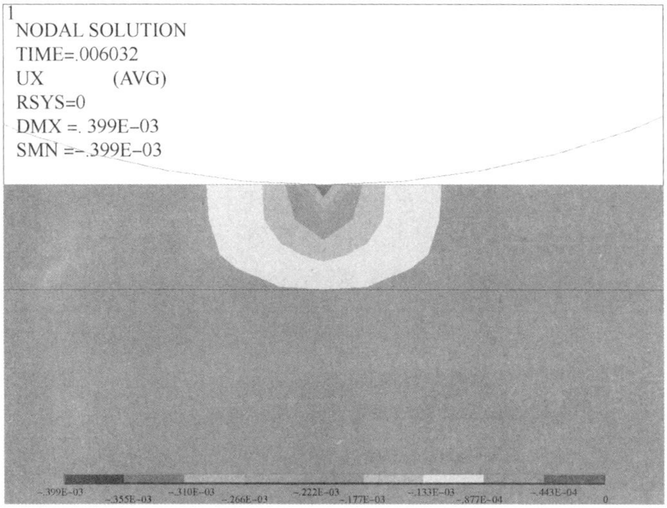

图 6-9　组合三产生的材料竖向位移分布云图

六个组合产生的竖向位移随压实遍数的变化情况见图 6-10，各组合静压、振压位移和密实度数据结果见表 6-2，组合一、二、五压实后的密实度接近

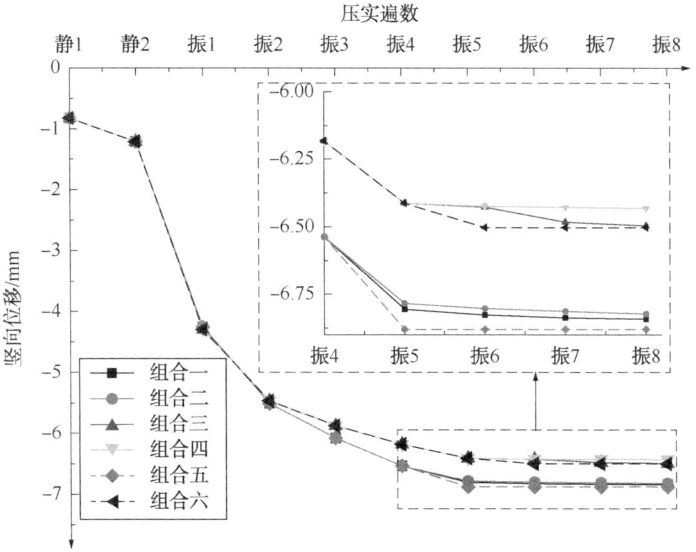

图 6-10　竖向位移随压实遍数的变化

93.5%，但超出了室内压实临界密实度范围上限93%，由2.6.4可知，此时的材料为过压状态，强度性能较差，故该三个组合不予采用。组合三、四、六的压实密实度值分别为92.929%、92.843%和92.988%，属于临界密实度范围[92.5%，93%]，由第4章确定压实工艺参数组合所需压实功的密实度目标值为92%，由式(5-39)得出组合三、四、六振动压实的吸能效率修正系数 η_r 应分别修正为2.525、2.523和2.527，静压压实的吸能效率修正系数 η'_r 应分别修正为1.515、1.514和1.516。下面对该三个组合产生的竖向应力、剪应力、竖向应变在钢轮轮宽方向和路面深度方向上的分布情况进行比较。

表6-2 工艺参数组合仿真分析结果

工作组合 \ 压实过程 位移变化/mm	压实工艺					总位移/mm	密实度/%
	静压	低频高幅		高频低幅			
		低速	高速	低速	高速		
一	1.2	5.3298	—	0.3	—	6.8298	93.442
二	1.2	5.3298	—	—	0.286	6.8158	93.423
三	1.2	—	5.1675	0.08329	—	6.4508	92.929
四	1.2	—	5.1675	—	0.1878	6.3863	92.843
五	1.2	5.6728	—	—	—	6.8728	93.500
六	1.2	—	5.2945	—	—	6.4945	92.988

6.2.2 优选组合对材料竖向应力的影响

(1) 最大竖向应力随压实遍数的变化情况

组合三第七遍压实过程中的竖向应力分布云图见图6-11。由图可知，较大的竖向应力总体上呈梯状分布，最大应力呈“V”形分布，主要发生在轮压正下方，除梯形外的其他区域，竖向应力的大小分布较均匀。说明振动轮的主要影响范围是振动轮下梯形区域，且材料的竖向应力值由中间向两侧逐渐减小。

组合三、四、六在路面表层材料的最大竖向应力和最大剪应力随压实遍数的变化曲线见图6-12。该三个组合在静压阶段和振压前5遍时产生的材料最大竖向应力均是相同的，且最大竖向应力随着压实遍数的增加逐渐增大。

在压实初期(静压1遍~振压2遍)材料最大竖向应力由1.09MPa增大到4.5582MPa，增幅为原应力的3.18倍；压实中期(振压2~5遍)材料最大竖向应力由4.5582MPa增大到5.9414MPa，增幅为30.35%。

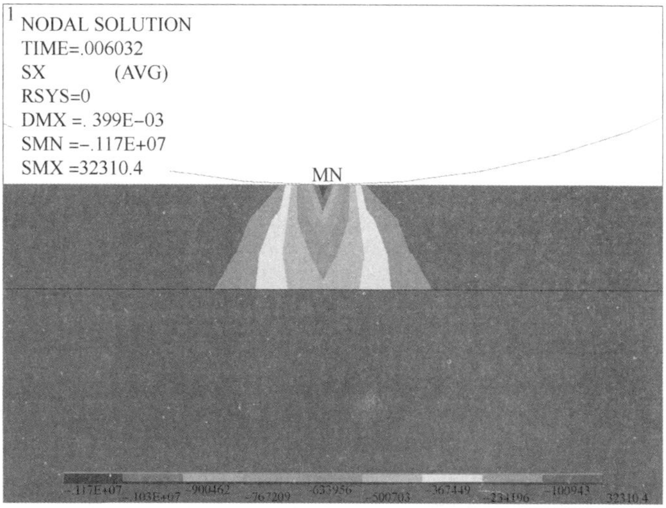

图 6-11　组合三竖向应力分布云图

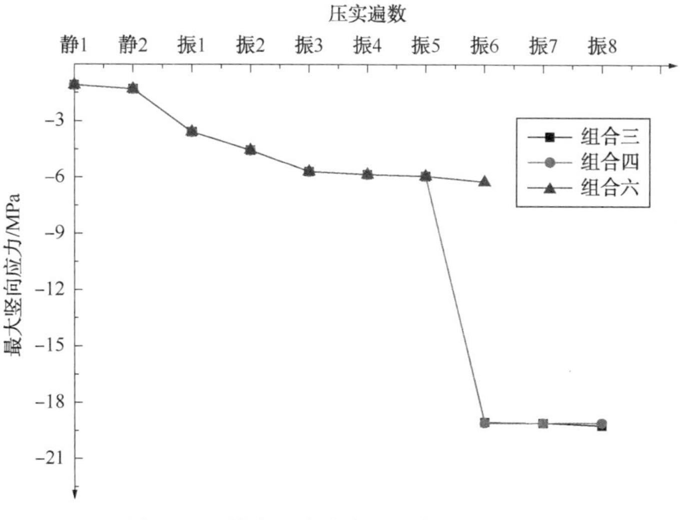

图 6-12　最大竖向应力随压实遍数的变化

压实后期当组合三、四由低频高幅压实第 5 遍转为高频低幅压实第 1 遍时，材料最大竖向应力由 5.9414MPa 分别增加到 19.03MPa 和 19.066MPa，增幅均为原应力的 2.2 倍；当组合三、四由高频低幅压实第 1 遍增至第 3 遍时，材料最大竖向应力分别增加到 19.208MPa 和 19.069MPa，增幅分别为 0.9354% 和

0.0157%；当组合六由低频高幅压实第5遍增至第6遍时，材料最大竖向应力由5.9414MPa增加到6.241MPa，增幅为5.04%；组合三、四由高频低幅压实1遍~3遍时的最大竖向应力平均值均为组合六低频高幅压实第6遍最大竖向应力平均值的3.06倍。

综上所述，压实过程中材料最大竖向应力随着压实遍数增加而增大，这主要是因为随着材料密实度的增加，钢轮与材料的有效接触面积越来越小，同时振动能量更易于向路面深层传播，使钢轮产生的竖向压密作用逐渐增大。

（2）最大竖向应力在轮宽方向上的变化情况

组合三第7遍压实时在轮中心和轮缘附近产生的竖向应力时程曲线分别见图6-13(a)(b)，由图可知，轮中心处的最大竖向应力值为轮缘附近最大竖向应力值的3倍左右，说明振压产生的竖向压密能量沿轮宽方向衰减较明显。

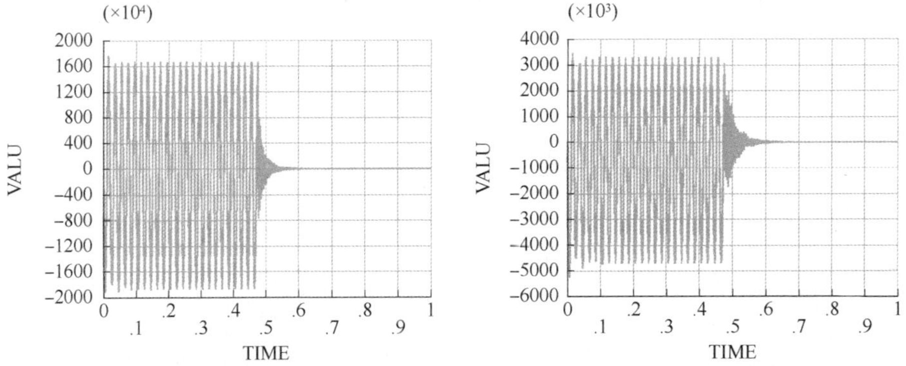

(a)轮中心处竖向应力时程曲线　(b)轮缘处竖向应力时程曲线

图6-13　组合三第7遍压实产生的竖向应力时程曲线

组合三、四、六压实时路面表层处材料在轮宽方向上最大竖向应力随压实遍数的变化曲线见图6-14(a)(b)(c)。由图可知，该三个组合在高频低幅振压前5遍时材料在轮宽方向上的最大竖向应力随压实遍数的变化情况是完全相同的，总体上最大竖向应力随压实遍数的增加而增大。由图(c)可知，静压2遍和振压前2遍时材料在轮宽方向上的最大竖向应力大小分布较均匀，最大竖向应力沿轮宽方向衰减速度较慢，近似呈梯形分布。从振压第3遍开始最大竖向应力沿轮宽方向变化较大，即其沿轮宽方向衰减速度加快，近似呈抛物线状分布，且开始在轮缘处出现正值，即说明此时压路机钢轮轮缘处材料出现“上翘现象”。

图6-14(d)所示为组合三、四高频低幅压实第1遍和组合六低频高幅压实第

6 遍时路面表层处材料在轮宽方向上最大竖向应力的变化曲线，该三个组合的最大竖向应力均随距轮几何中心距离的增加而近似呈线性衰减变化，且前者的衰减速度明显大于后者。结合图 6-14(a)(b)(c)可得，组合三、四高频低幅压实 1~3 遍时路面表层处材料在轮宽方向上的最大竖向应力变化较小，此时组合三、四作用后的材料在轮宽方向上的最大竖向应力平均值分别为-8.556MPa 和-8.204MPa；组合六低频高幅压实第 6 遍时路面表层处材料在轮宽方向上的最大竖向应力平均值为-2.453MPa。且组合三、四高频低幅压实 1~3 遍时轮缘处的材料最大竖向应力值分别为 3.236MPa 和 3.125MPa，大于组合六低频高幅压实第 6 遍时轮缘处的材料最大竖向应力值 0.51MPa。由图可知，整体上组合六在轮宽方向上产生的最大竖向应力平均值较组合三、四更小，但应力大小分布更均匀，在钢轮轮缘处造成的“翘起现象”较组合三、四减弱。

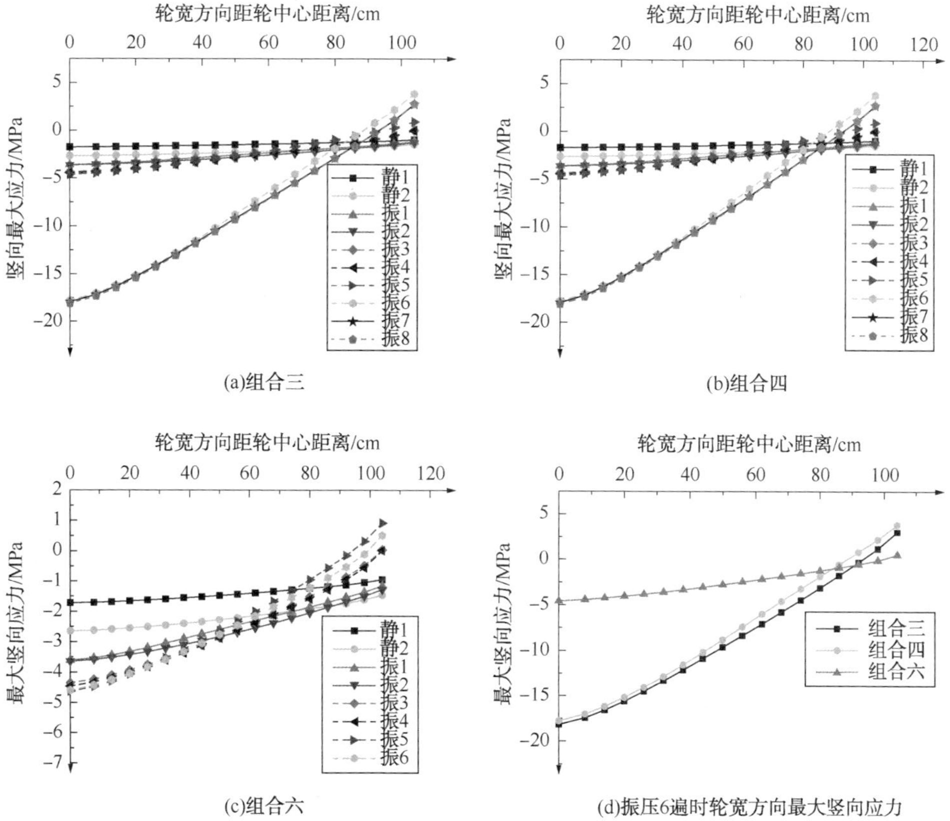

图 6-14　组合三、四、六作用时材料轮宽方向最大竖向应力随压实遍数变化图

(3) 最大竖向应力在路面深度方向上的变化情况

组合三、四、六作用时轮中心正下方材料在深度方向的最大竖向应力随压实遍数的变化曲线见图 6-15(a)(b)(c)。由图可知，该三个组合在静压 2 遍和高频低幅振压前 5 遍时材料在深度方向上的最大竖向应力随压实遍数的变化情况是完全相同的，总体上最大竖向应力随压实遍数的增加而增大，每一遍压实时最大竖向应力在深度方向上基本无衰减。三个组合振压 5 遍时材料最大竖向应力在深度方向 0cm、2cm、4cm、6cm 上的平均值为-4.6541MPa。

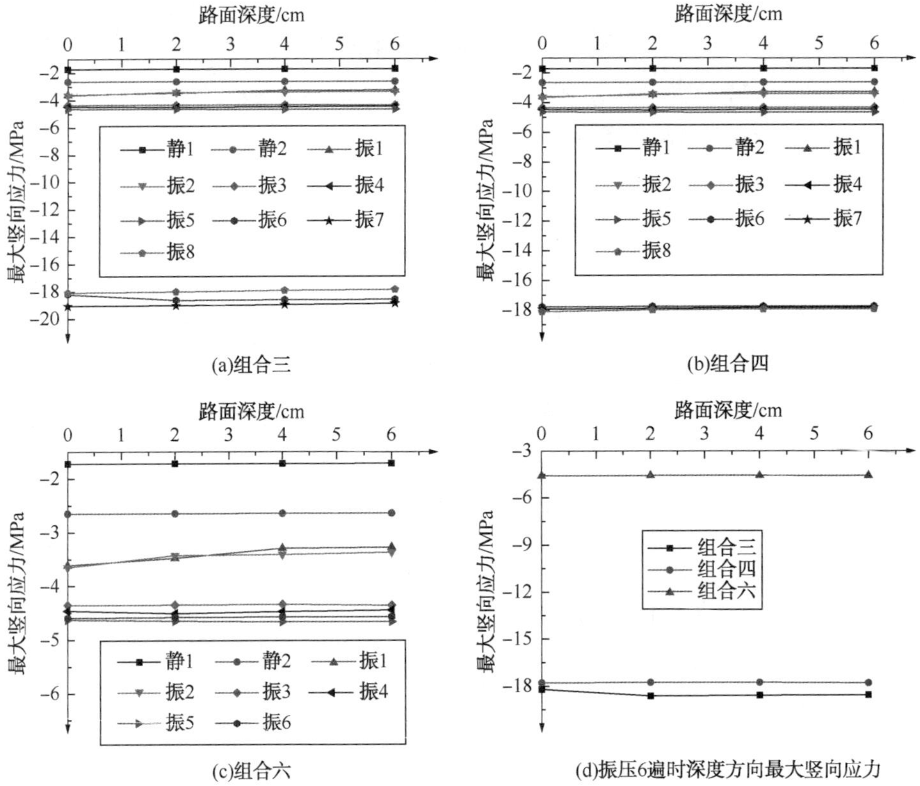

图 6-15　组合三、四、六作用时材料深度方向最大竖向应力随压实遍数的变化

图 6-15(d)所示为组合三、四高频低幅压实第 1 遍和组合六低频高幅压实第 6 遍时在钢轮几何中心正下方材料最大竖向应力沿深度方向的变化曲线，组合四和六的最大竖向应力沿深度方向几乎无衰减，组合三的最大竖向应力在路面深度 2cm 处较 0cm 处衰减 2.3575%，2～6cm 处数据保持稳定。结合图 6-15(a)(b)(c)可得，压实后期组合三由低频高幅压实第 5 遍到高频低幅压实第 2 遍过程中，

材料在深度方向上的最大竖向应力平均值逐步增大，由高频低幅压实第 2 遍到第 3 遍时最大竖向应力平均值出现小幅减小。组合四由低频高幅压实第 5 遍到高频低幅压实第 3 遍过程中，相应的最大竖向应力平均值逐步增大。组合三、四高频低幅压实 1~3 遍时材料在深度方向上的最大竖向应力平均值分别为-18.4776MPa 和-17.8803MPa，分别为低频高幅振压 5 遍时的最大竖向应力平均值的 2.97 倍和 2.84 倍；组合六低频高幅压实第 6 遍后材料在深度方向上的最大竖向应力平均值为-4.5814MPa，较低频高幅振压 5 遍时的最大竖向应力平均值减小 1.562%。由此可知，组合三、四由低频高幅转为高频低幅振压时材料在深度方向上的最大竖向应力平均值大幅增加，而组合六由低频高幅振压 5~6 遍时材料在深度方向上的最大竖向应力平均值出现小幅的下降。总体上三个组合作用后的材料在深度方向上的最大竖向应力值差异较小，说明在各个压实阶段时压路机在路面各深度处产生的竖向作用力大小分布较均匀。

6.2.3 优选组合对材料剪应力的影响

(1) 最大剪应力随压实遍数的变化情况

组合三振压第 7 遍过程中的剪应力分布云图见图 6-16。可知剪应力以钢轮横截面中心线为对称轴呈左右对称分布，且剪应力值大小相等、方向相反，说明正在压实区域的材料受到的剪应力方向和钢轮行驶速度一致，已压实的区域受到的剪应力方向和钢轮行驶速度相反。剪应力近似呈半梯形状分布，剪应力值由中间向两侧逐渐减小。

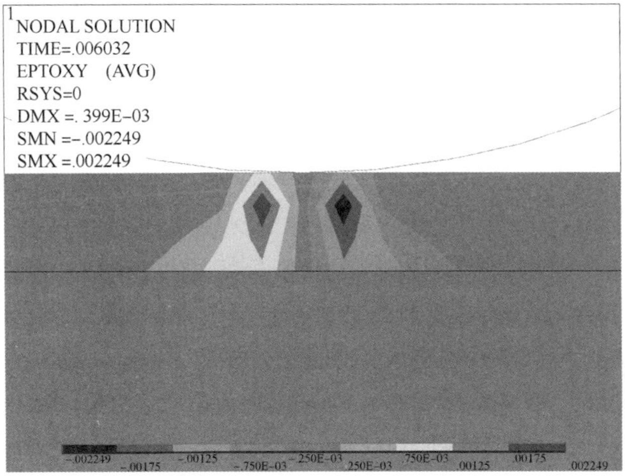

图 6-16 组合三剪应力分布云图

组合三、四、六作用时在路面表层材料的最大剪应力随压实遍数的变化曲线见图 6-17。该三个组合在振压前 5 遍时产生的材料最大剪应力均是相同的，且最大剪应力随着压实遍数的增加逐渐增大。

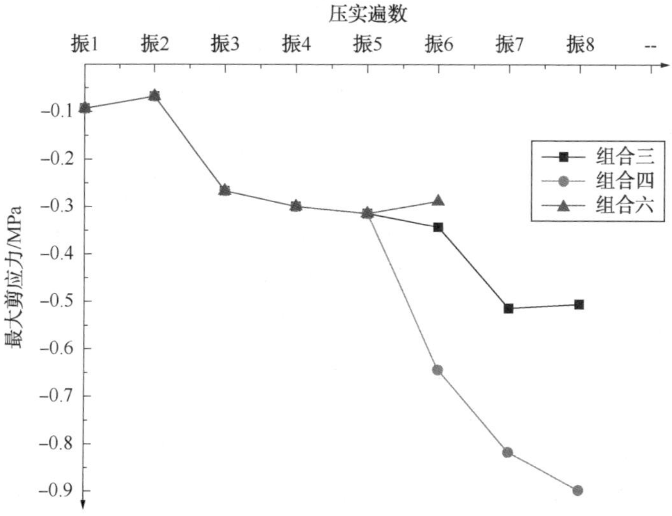

图 6-17　最大剪应力随压实遍数的变化

在压实初期（振压 1～2 遍），材料最大剪应力由 0.09311MPa 减小到 0.06792MPa，降幅为 27.05%。在压实中期（振压 2～5 遍），材料最大剪应力由 0.06792MPa 增大到 0.31406MPa，增幅为原应力的 3.62 倍。在压实后期，当组合三、四由低频高幅压实第 5 遍转为高频低幅压实第 1 遍时，材料最大剪应力由 0.31406MPa 分别增加到 0.34283MPa 和 0.64373MPa，增幅分别为原应力的 9.16%和 1.05 倍。当组合三、四由高频低幅压实第 1 遍增至第 3 遍时，材料最大剪应力分别增加到 0.50516MPa 和 0.89657MPa，增幅分别为 47.35%和 39.28%。当组合六由低频高幅压实第 5 遍增至第 6 遍时，材料最大剪应力由 0.31406MPa 减小到 0.28811MPa，降幅为 8.26%。组合三、四由高频低幅压实 1～3 遍时的最大剪应力平均值分别为组合六低频高幅压实第 6 遍最大剪应力平均值的 1.58 倍和 2.73 倍。

综上所述，压实初期材料最大剪应力值较小，说明压实初期钢轮产生的剪切作用较小，压实中后期材料最大剪应力出现大幅增加，这是因为随着压实遍数的增加，钢轮与材料的有效接触面积减小，且随着材料密实度的增加，振压产生的剪切能量更易于向路面深层传播，这说明随着压实遍数的增加，压路机钢轮的剪切力开始对材料的压密变形发挥作用。

(2) 最大剪应力在轮宽方向上的变化情况

组合三第 7 遍压实时在轮中心和轮缘附近产生的剪应力时程曲线分别见图 6-18(a)(b)，由图可知，轮中心处的最大剪应力值为轮缘附近最大剪应力值的 3~6 倍左右，说明振压产生的水平剪切能量沿轮宽方向衰减较明显。

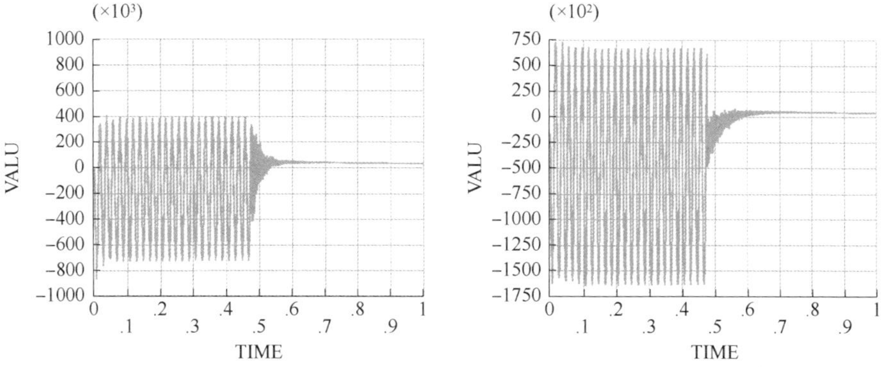

(a)轮中心处剪应力时程曲线　(b)轮缘处剪应力时程曲线

图 6-18　组合三第 7 遍压实产生的剪应力时程曲线

组合三、四、六压实时路面表层处材料在轮宽方向上的最大剪应力随压实遍数的变化曲线[图 6-19(a)(b)(c)]可知，该三个组合在低频高幅振压前 5 遍时最大剪应力沿轮宽方向的变化情况是完全相同的，呈梯形分布。由图 6-19(c)可知，振压前 2 遍时，总体上材料最大剪应力沿轮宽方向变化不大，距钢轮几何中心距离 50~60cm 处开始出现非线性减小趋势，压路机钢轮轮缘处材料最大剪应力接近零值。振压 3~5 遍时，距钢轮质心距离 0~10cm 阶段最大剪应力小幅增加，距钢轮几何中心 10~50cm 阶段，最大剪应力变化较平稳，距离 50~60cm 时，最大剪应力沿轮宽方向开始呈非线性快速衰减趋势，钢轮轮缘处最大剪应力接近 0.06MPa。振压 3~5 遍时轮宽方向上的最大剪应力平均值为-0.262MPa，振压 1~2 遍时轮宽方向上的最大剪应力平均值为-0.069MPa，前者是后者的 3.8 倍。总体上轮宽方向上的最大剪应力随着压实遍数的增加而增大。

组合三、四高频低幅压实第 1 遍和组合六低频高幅压实第 6 遍时路面表层处材料在轮宽方向上的最大剪应力分布曲线见图 6-19(d)，三个组合作用时的材料最大剪应力沿轮宽方向的变化规律接近低频高幅振压 3~5 遍时的变化规律。距钢轮几何中心距离为 10~50cm 阶段，组合四在轮宽方向上的最大剪应力平均值为

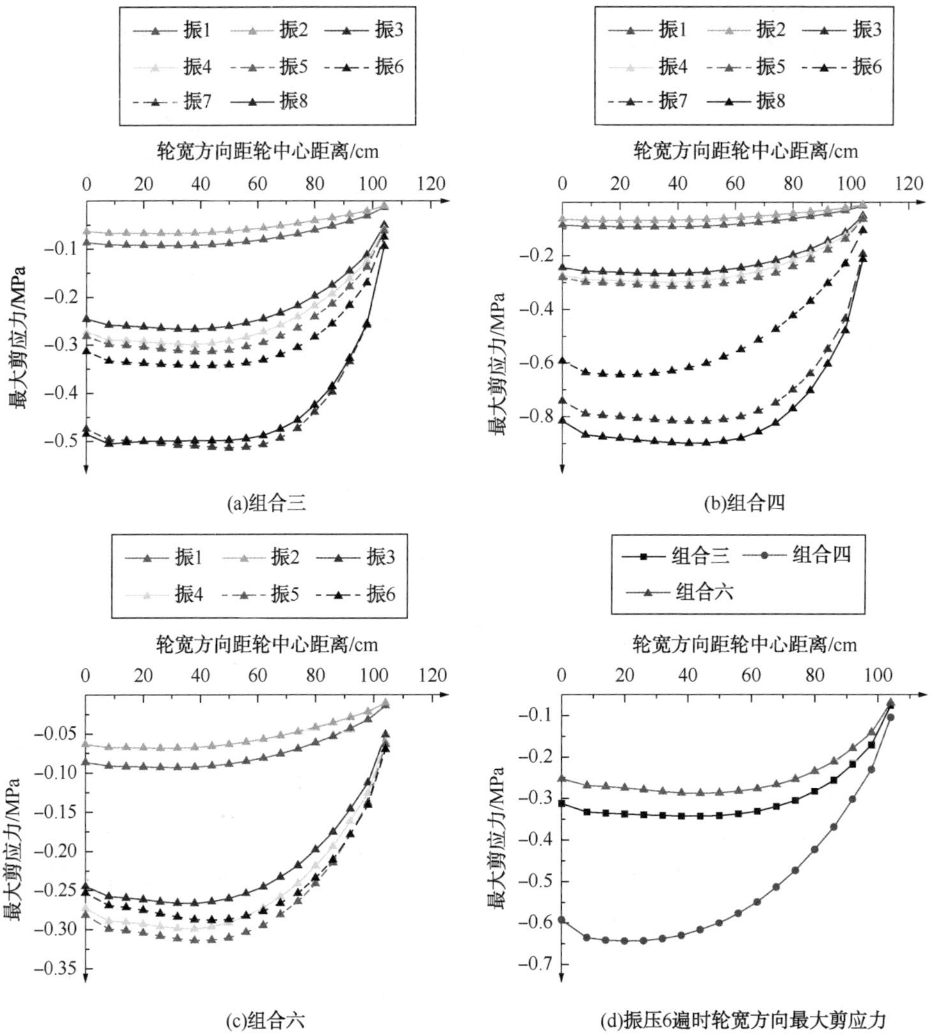

图 6-19　组合三、四、六作用时材料轮宽方向最大剪应力随压实遍数的变化

-0.6311MPa，大于组合三和组合六在轮宽方向上的最大剪应力平均值-0.3394MPa和-0.2803MPa；在距钢轮几何中心为50~100cm阶段，组合四在轮宽方向上的最大剪应力衰减速度大于组合三和组合六，且三个组合作用后钢轮轮缘处的材料最大剪应力均衰减到-0.1MPa左右。结合图6-19(a)(b)(c)可得，组合三、四高频低幅压实1~3遍时，在路面表层处材料在轮宽方向上的最大剪应力平均值分别为-0.423MPa和-0.719MPa；组合六低频高幅压实第6遍时，相应材料在轮宽

方向上的最大剪应力平均值为-0.262MPa。由此可知，总体上组合六作用时的材料在轮宽方向上的最大剪应力值较组合三、四更小，且该应力值大小在轮宽方向上分布更均匀。

(3) 最大剪应力在路面深度方向上的变化情况

组合三、四、六压实时，钢轮几何中心正下方材料在深度方向上的最大剪应力随压实遍数的变化曲线见图 6-20(a)(b)(c)。由图可知，该三个组合在低频高幅振压前 5 遍时材料在深度方向上的最大剪应力随压实遍数的变化情况是完全相同的，总体上最大剪应力随压实遍数的增加而增大，每一遍压实时最大剪应力在深度方向上近似呈线性衰减。三个组合振压 5 遍时，材料最大竖向应力在深度方向 0cm、2cm、4cm、6cm 上的平均值为-0.0541MPa。

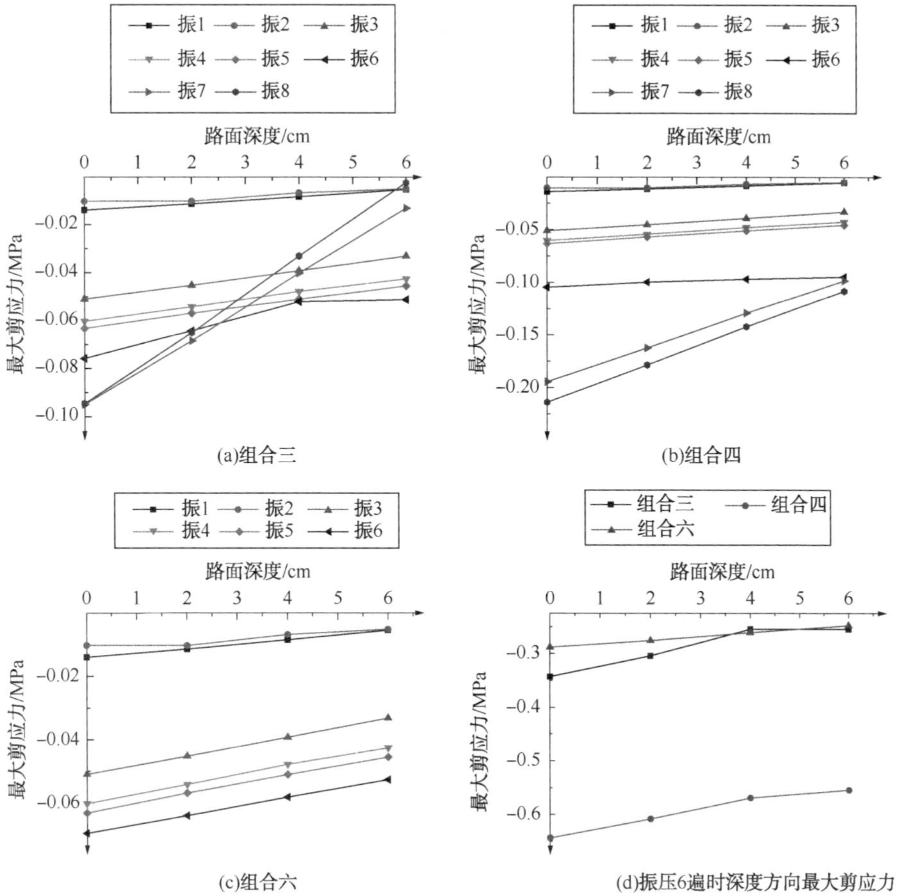

(a)组合三 (b)组合四 (c)组合六 (d)振压6遍时深度方向最大剪应力

图 6-20 组合三、四、六作用时路面深度方向最大剪应力随压实遍数变化图

组合三、四高频低幅压实第1遍和组合六低频高幅压实第6遍时在钢轮几何中心正下方材料最大剪应力沿深度方向的变化曲线见图6-20(d)，组合三、四和六的最大剪应力在路面深度6cm处较0cm处衰减幅度分别为32.48%、9.471%和24.39%。由此可见，组合三产生的最大剪应力在路面深度方向衰减幅度最大，组合六衰减幅度最小。结合图6-20(a)(b)(c)可得，压实后期组合三、四由高频低幅压实第2遍时材料在深度方向上的最大剪应力较高频低幅压实第1遍时衰减速度明显增大，说明压实后期随着压实遍数的增加，压路机高频低幅的振动方式促使材料颗粒发生水平重排位移的剪切力在深度方向快速衰减。

组合三、四高频低幅压实1~3遍时，材料在深度方向上的最大剪应力平均值分别为-0.05459MPa和-0.1353MPa，分别较低频高幅振压5遍时的最大剪应力平均值增加0.839%和增加为原剪应力的2.499倍；组合六低频高幅压实第6遍后材料在深度方向上的最大剪应力平均值为-0.0611MPa，较低频高幅振压5遍时的最大剪应力平均值增加12.8%。由此可知，总体上组合六作用后的材料在深度方向上的最大剪应力平均值较组合三、四更小，且该应力值大小在深度方向上分布更均匀。

综上所述，由组合三、四、六产生的最大竖向应力和最大剪应力随压实遍数的变化曲线可知，压实初期材料的压实变形主要是压路机钢轮的竖向压密作用的结果，压实中后期材料最大剪应力的增幅明显大于最大竖向应力的增幅，说明随着压实遍数的增加，压路机钢轮的剪切力开始对材料的压密变形发挥作用。

整体上，组合六在轮宽方向和深度方向上产生的最大竖向应力值较组合三、四更小，但应力大小分布更均匀。三个组合的最大剪应力和最大竖向应力有相似的变化规律。

6.2.4 优选组合对材料竖向应变的影响

(1) 竖向应变随压实遍数的变化情况

组合三振压第7遍后，材料的竖向应变分布云图见图6-21。由图可知，较大的竖向应变总体上呈梯形分布，最大应变呈"V"形分布，主要发生在轮压正下方，除梯形外的其他区域，竖向应变的大小分布较均匀。说明振动轮的压实主要影响范围是振动轮下梯形区域，且材料的竖向应变值由中间向两侧逐渐减小。

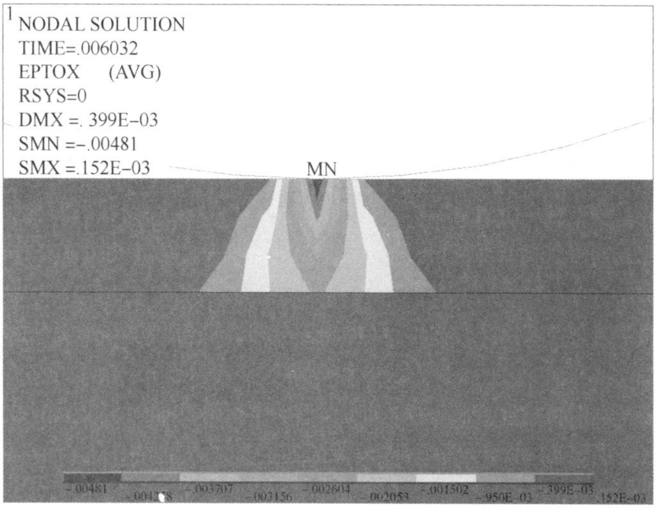

图 6-21 组合三竖向应变分布云图

组合三、四、六作用时，路面表层处材料的竖向应变随压实遍数的变化曲线见图 6-22。该三个组合产生的竖向应变在静压阶段和振动压实的前 5 遍时均是相同的。压实初期(静压 1 遍～振压 2 遍)，材料竖向应变快速增大，由-0.02034 增大到-0.11219，增幅为原应变的 4.516 倍；压实中期(振压 3～5 遍)竖向应变增加速率减小，由-0.11219 增加到-0.12539，增幅为 11.766%。压实后期，当组合三、四由低频高幅压实第 5 遍到高频低幅压实第 3 遍时，竖向应变由-0.12539 分别增加到-0.12668 和-0.12574，增幅分别为 1.03%和 0.28%。压实后期，当组合六由低频高幅振压第 5 遍增至第 6 遍时，竖向应变由-0.12539 增加到-0.12806，增幅为 2.13%。由此可见，总体上竖向应变随着压实遍数的增加而逐渐增大，但增加速率逐渐减小。组合六低频高幅压实第 6 遍的压实变形量大于组合三、四高频低幅压实 3 遍的变形量。

(2) 竖向应变在轮宽方向上的变化情况

组合三振压第 7 遍时，在轮中心和轮缘附近产生的竖向应变时程曲线分别见图 6-23(a)(b)，由图可知，轮中心处的最大剪应力值为轮缘附近最大剪应力值的 1.7 倍左右，说明振压产生的压实变形沿轮宽方向衰减较明显。

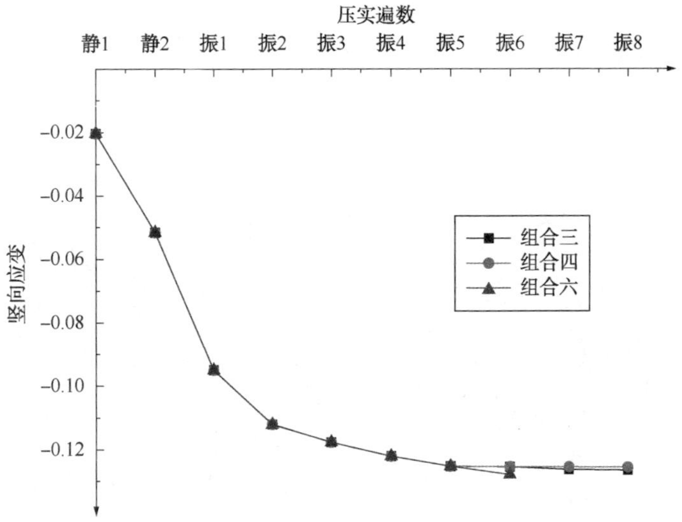

图 6-22　竖向应变随压实遍数变化图

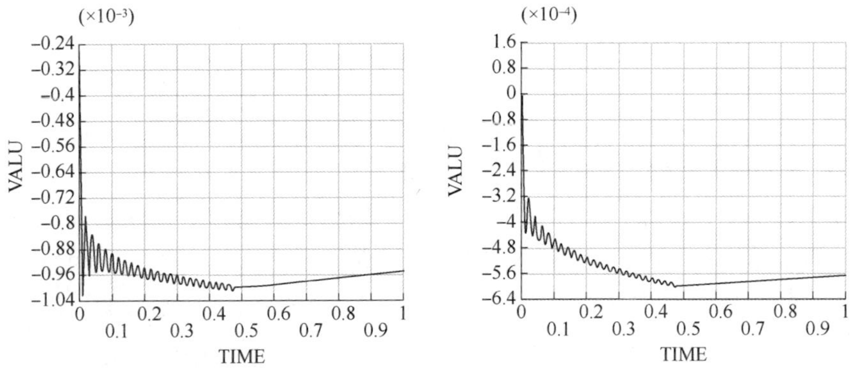

(a)轮中心处竖向应变时程曲线　　(b)轮缘处竖向应变时程曲线

图 6-23　组合三第 7 遍压实产生的竖向应变时程曲线

组合三、四、六作用时，路面表层处材料竖向应变沿轮宽方向的衰减曲线见图 6-24(a)(b)(c)。由图可知，该三个组合在低频高幅振压前 5 遍时，材料的竖向应变沿轮宽方向的衰减曲线是完全相同的，竖向应变随着距钢轮几何中心距离的增加而减小，近似呈抛物线状衰减，振压 5 遍时，三个组合轮宽方向上的竖向应变平均值为-0. 1073。从振压第 6 遍开始，三个组合作用后的材料竖向应变开始发生变化。组合三、四、六振压 6 遍时，材料在轮宽方向上的竖向应变平均值分别为-0.10749、-0.10747、-0.10966，相比振压5遍应变增幅分别为0.15%、0.14%和2.17%，组合三、四振压8遍时，在轮宽方向上的竖向应变平均值分别为-0.10824、-0.10759，相比振压6遍应变增幅分别为0.698%和0.112%。由此可知，组合六低频高幅振压1遍时，材料在轮宽方向上产生的竖向应变增量明显大于组合三、四高频低幅振压3遍时材料的竖向应变增量。

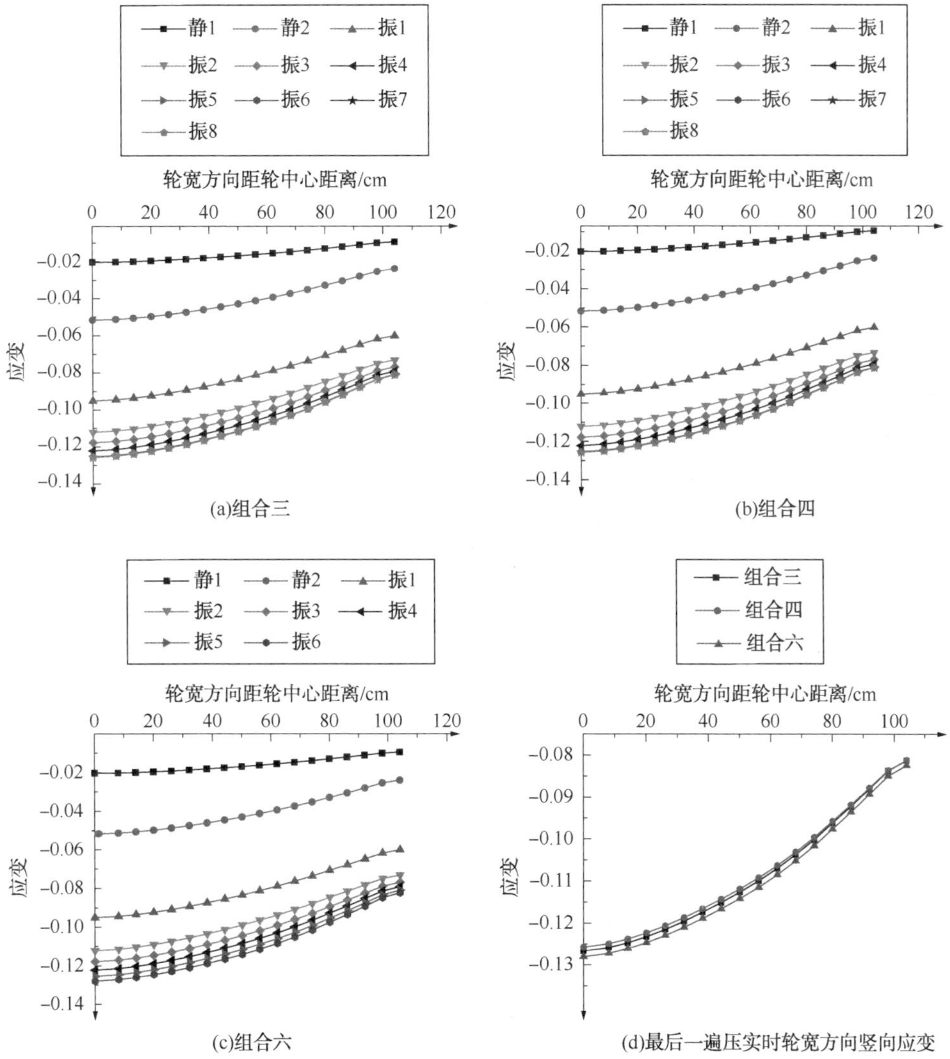

图6-24　组合三、四、六路面表层处轮宽方向竖向应变随压实遍数变化图

组合三、四高频低幅压实第3遍和组合六低频高幅压实第6遍时，路面表层处材料在轮宽方向上的竖向应变衰减曲线见图6-24(d)，三个组合作用后的材料竖向应变沿轮宽方向的变化规律接近低频高幅振压前5遍时的变化规律。组合三、四、六压实结束后的材料在路面表层处、轮宽方向钢轮质心正下方的竖向应变分别为-0.12668、

-0.12574和-0.12806，距离钢轮几何中心104cm处的竖向应变分别为-0.08118、-0.08116、和-0.08237，衰减幅度分别为35.92%、35.45%和35.68%。综上所述，组合六作用后的材料在轮宽方向上的竖向应变平均值最大，三个组合作用后材料竖向应变值沿轮宽方向的衰减幅度差别不大。

(3)竖向应变在路面深度方向上的变化情况

组合三、四、六作用后，钢轮几何中心正下方材料竖向应变沿深度方向的衰减曲线见图6-25(a)(b)(c)。由图可知，该三个组合低频高幅振压前5遍时，材料的竖向应变沿深度方向的衰减曲线是完全相同的，竖向应变随着路面深度的增加而减小，呈非线性衰减。振压5遍时，三个组合深度方向上的竖向应变平均值为-0.12397。从振压第6遍开始，三个组合作用后的材料竖向应变开始发生变化。组合三、四、六振压6遍时，竖向应变在路面深度0、2cm、4cm、6cm处的平均值分别为-0.12417、-0.12416、-0.12665，相比振压5遍应变增幅分别为0.159%、0.15%和2.16%。组合三、四振压8遍时，竖向应变在路面深度0、2cm、4cm、6cm处的平均值分别为-0.12525、-0.12273，相比振压6遍应变增幅分别为0.87%和0.129%。由此可知，组合六低频高幅振压1遍时，材料在深度方向上产生的竖向应变增量明显大于组合三、四高频低幅振压3遍时，材料的竖向应变增量。

组合三、四高频低幅压实第3遍和组合六低频高幅压实第6遍时，材料在深度方向上的竖向应变衰减曲线见图6-25(d)，该衰减曲线变化规律接近三个组合低频高幅振压前5遍时的变化规律。组合三、四、六压实结束后，材料在路面表层处钢轮质心正下方的竖向应变分别为-0.12559、-0.12558和-0.12806，路面深度6cm处的竖向应变分别为-0.12258、-0.12257、和-0.12506，衰减幅度分别为2.3967%、2.3969%和2.3427%。综上所述，三个组合中组合六作用后的材料在深度方向上的竖向应变平均值最大，沿深度方向的衰减幅度也最小。

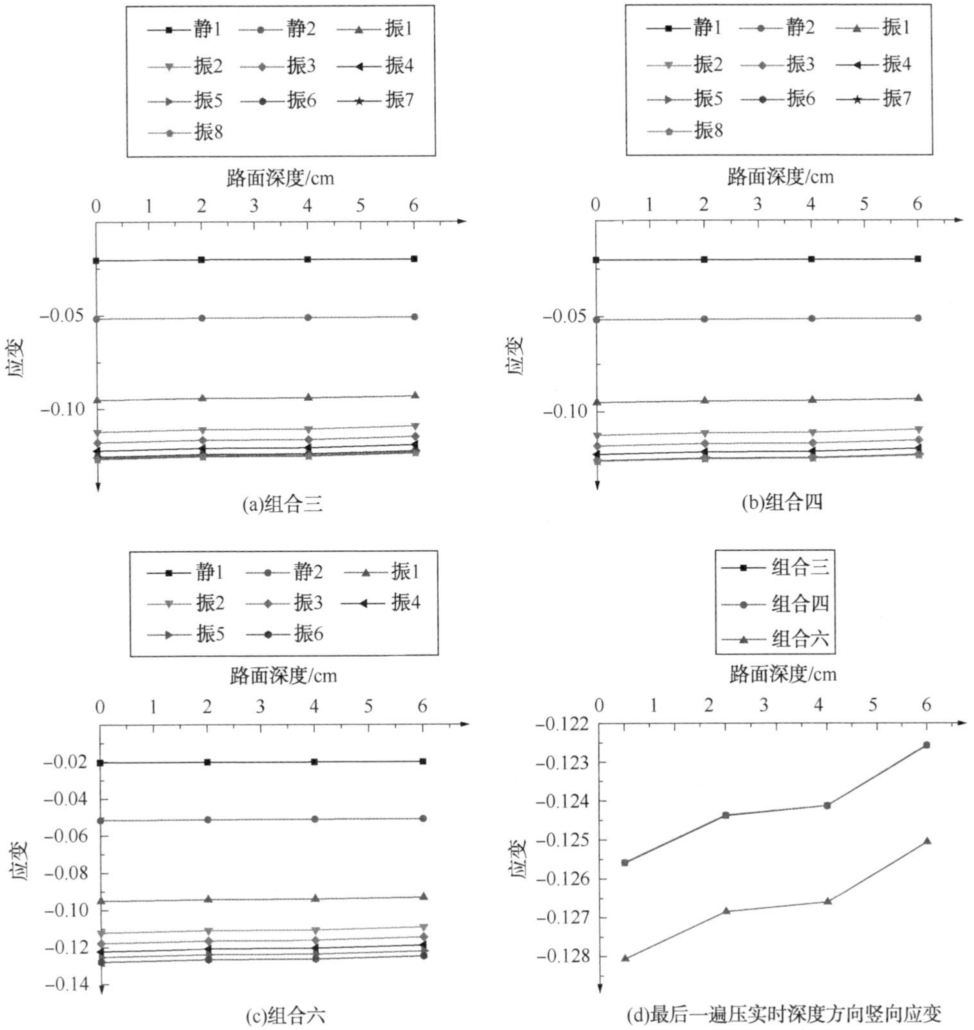

图 6-25 组合三、四、六钢轮几何中心处深度方向竖向应变随压实遍数变化图

6.3 密实度与压实工艺参数匹配模型的简化

式(4-41)基于有效压实功等效原则给出了 MOH 材料路面达到一定密实度所需的压实工艺参数化模型，但该模型中振动压实能量部分计算时，涉及振动轮冲击地面速度 v_a、跳离地面时运动方向与水平面间的夹角 φ_a 等需要通过路面试验

进行实测，故在无路面试验条件下需要对振动能量的计算式(4-29)进行简化，从而建立密实度与压实工艺参数匹配模型的简化表达式。

文献[191]给出了压路机单次振动产生能量的计算式：

$$E_Z = 2A_0\left(m_2 + \frac{\pi F_0}{4}\right) \tag{6-4}$$

因式(4-41)中的右边项静压压实做功相对左边项振动压实做功要小得多，故静压做功可忽略不计。由表6-2组合三、四、六的压实仿真分析结果可知，复压初期宜采用低频高幅高速的方式进行压实，复压后期宜采用高频低幅的方式压实。故碾压速度与频率有如下关系：

$$\text{低速时：}v = 0.09f \tag{6-5}$$

$$\text{高速时：}v = 0.108f \tag{6-6}$$

联立式(4-41)、式(4-42)、式(4-44)和式(6-5)，得出压路机低速碾压时，单位体积材料密实度与压实工艺参数匹配模型的简化表达式为：

$$890.15G\%\times(4021.4G\%-3413.9) = \frac{11.11\eta_s\eta_r n_1 F_0}{b\eta_m h_1}\left(\frac{1}{\pi^2 f^2}+\pi A_0\right) \tag{6-7}$$

联立式(4-41)、式(4-42)、式(4-44)和式(6-6)，得出压路机高速碾压时，单位体积材料密实度与压实工艺参数匹配模型的简化表达式为：

$$890.15G\%\times(4021.4G\%-3413.9) = \frac{9.26\eta_s\eta_r n_1 F_0}{b\eta_m h_1}\left(\frac{1}{\pi^2 f^2}+\pi A_0\right) \tag{6-8}$$

由式(6-7)、式(6-8)简化模型可知，材料路面密实度与压路机的激振力和碾压遍数成正比，与频率和振幅的乘积成正比，该模型可为后期路面压实试验工艺参数的选择和匹配提供量化参考。

6.4 小结

(1) 本章描述了MOH材料的有限元分析建模过程，包括模型的假设及简化、加载时间到边界条件和施加载荷的确定等方面。参考沥青材料的Bailey-Norton蠕变规律，采用修正时间硬化模型作为该材料的蠕变分析模型，通过对压实过程应力应变数据的拟合确定出不同压实阶段的材料蠕变参数值和弹性模量值。

(2) 本章对第4章确定出的六组工艺参数组合进行压实有限元仿真分析，得出结果：组合一、二、五压实后的密实度接近93.5%，但大于室内压实临界密实度范围上限值93%，对材料形成了过压，这三个组合不予采用。组合三、四、六压实后在轮宽方向上的最大密实度值分别为92.929%、92.843%和92.988%，属于临界密实度范围[92.5%，93%]，此密实度材料路面的抗压强度值达到了最佳，故认为采用这三个组合作为压路机施工工艺参数组合是合理的。

（3）组合三、四、六压实后的材料最大密实度属于临界密实度范围[92.5%，93%]，通过对这三组压实数据的分析得出材料最大竖向应力、最大剪应力和竖向应变随压实遍数的变化规律和沿轮宽方向、深度方向的分布规律。分析结果表明：压实初期材料的黏塑性变形主要是压路机钢轮竖向压密作用的结果，压实中后期材料的压实变形是竖向应力和剪应力共同作用的结果。总体上竖向应变随着压实遍数的增加而逐渐增大，但增加速率逐渐减小。轮宽方向上的竖向应变随着距钢轮几何中心距离的增加而减小，近似呈抛物线状衰减，主要原因是该三个组合压实中后期在轮宽方向上产生的最大竖向应力和最大剪应力分别沿轮宽方向近似呈抛物线状和梯状衰减。深度方向的竖向应变随着路面深度的增加而减小，呈非线性衰减，主要原因是该三个组合压实中后期在深度方向上产生的最大剪应力均沿轮宽方向呈非线性衰减。

（4）材料仿真分析结果与压缩试验力学响应基本一致，并进一步揭示了压实变形的力学作用机理，验证了匹配模型和B-P本构模型的合理性和有效性。

（5）结合材料的压实流变特性及压实仿真分析结果，得出复压初期宜采用低频高幅高速的方式进行压实，复压后期宜采用高频低幅的方式压实，进一步得到MOH材料密实度与路面压实工艺参数匹配模型的简化表达式。

7 MOH 材料路面压实试验

本书第 4 章已基于有效压实功等效原理建立了路面密实度与压实工艺参数的匹配模型，并据此理论模型确定出了六组压实工艺参数组合，第 6 章采用有限元分析法对该六个组合的压实效果进行了分析和对比，优选出三组密实度最佳的工艺参数组合。因该三个组合压实后材料的密实度较为接近，本章选取组合四进行路面压实试验的验证，从而检验有限元仿真分析的准确性，并进一步对密实度与压实工艺参数匹配规律模型的参数进行修正。

7.1 路面压实试验的准备

7.1.1 试验准备

材料在正式施工前，应该选择基础牢固、平整密实的场地作为施工场地，这样不仅有利于机械设备的放置和调试，还有利于原材料的准备和制作，而且最重要的是可以保证施工路段的路用性能。施工准备主要包括以下三个方面：

(1) 机械设备准备。施工所需的主要机械设备如下：

① 材料半柔性路面摊铺机一台(技术参数见表 1-10)；

② 13t 双钢轮振动压路机一台(技术参数见表 4-2)；

③ 16t 轮胎压路机一台(技术参数见表 7-1)；

④ 路面取芯装置(10cm)；

⑤ 标杆+拉线+钢尺(高度测量)；

⑥ 3m 直尺+塞尺。

表 7-1 轮胎压路机技术参数

参数	整机质量/t	行驶速度/(km · h^{-1})	轮胎平均接地比压/kPa	压实宽度/mm	功率/kW
取值	11.1~16	18.4	150~300	2055	86

(2) 施工场地准备。由于材料适宜用作高等级公路的下面层，因此在铺设前，应

将基层表面的尘土等杂物清扫干净，并在施工前1~2h均匀撒布乳化沥青黏层。

（3）原材料准备。乳化沥青选用河南高远慢裂快凝型阳离子乳化沥青，水泥选用河南孟店牌，矿料选用河南新乡辉县石灰岩，各原材料性能参数见2.1.1节，拌和水采用自来水。

7.1.2 拌和

材料配合比采用由2.1.2节得出的最优配合比方案，即水泥含量为2%，油石比为4.5%，总含水率为6%。

在实际施工过程中，采用材料半柔性路面摊铺机自带的连续拌和器(图7-1)，拌和的方法为：同时开启矿料、水泥、水、乳化沥青的进料口，当材料充盈拌和器后启动拌和器进行拌和，拌和转速为350r · min^{-1}，拌和时间为8s。拌和过程中可根据天气温度和矿料的干湿情况调整用水量，直至材料搅拌均匀，具有良好的工作性。

图7-1　拌和和摊铺装置

7.1.3 摊铺

摊铺前要安装好侧模，以保证平整度；松铺系数应根据室内松铺系数试验情况来取值，一般在1.26~1.28之间。采用材料半柔性路面摊铺机进行摊铺，摊铺过程见图7-1。将材料摊铺成10m×3.75m的模块。摊铺过程中，若边缘部分出现缺料，应组织人员现场进行补料，并用铁锹整平，摊铺完路面见图7-2。

图 7-2　摊铺完路面

7.2　压实试验

7.2.1　压实工艺参数方案

选取表 4-8 中的压实工艺参数组合四进行压实施工，初压采用 13.5t 振动压路机静压压实两遍，压路机行走速度为 $v=3.78\text{km}\cdot\text{h}^{-1}$；复压时开启振动压路机振动功能，先以低频高幅高速碾压 5 遍，再以高频低幅低速碾压 3 遍，终压时采用 16~20t 轮胎压路机消除钢轮碾压轮迹和整平路面，提高材料路面平整度。压实施工现场见图 7-3。压实工艺参数见表 7-2。

图 7-3　压实施工

表 7-2 压实工艺参数

振动压实模式	振动频率 f/Hz	名义振幅 A_0/mm	碾压速度 v/(km·h^{-1})	碾压遍数
低频高幅	42	0.75	4.536	5
高频低幅	50	0.33	4.5	3

7.2.2 压实过程参数的检测

检测压实过程中不同碾压遍数下路面的实时高度。分别检测不同碾压遍数下路面高度的变化。压实高度通过在压实路面两侧的标杆测得，每压实一次由专人记录数据。

(1) 在摊铺区域周围打桩 6 个，且不影响压路机压实；

(2) 在打好的每根桩柱上做一固定标记，用于固定间接测量线；

(3) 在一根既细又结实的线上均匀标记出四个点，且靠近一端的点与桩柱有一定距离(约 375mm，具体根据实际标定)；

(4) 测量时，用线在对应的两个桩柱上拉直，用一长钢尺铺在路面上，再用另一钢尺(尽量保持垂直)测竖直高度。

为了保证测量数据的准确性，12 个测量点分布在整个摊铺区域，见图 7-4。

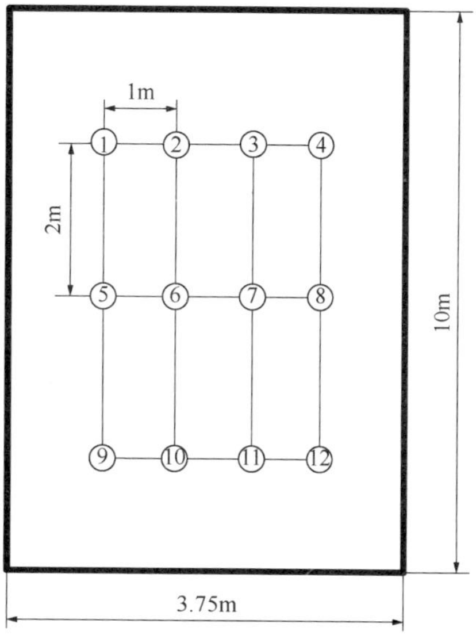

图 7-4 高度测量点分布图

7.2.3 压实特性参数的检测

评价压实特性的参数除了抗压强度和空隙率外，还有马歇尔稳定度和劈裂强度。材料路面经压路机压实成型，待 24h 自然风干后，路面强度初步形成。采用取芯机对路面测量点取样并标记，见图 7-5，带回实验室并进行完全烘干，检测其毛体积密度、无侧限抗压强度、马歇尔稳定度和劈裂强度，测量方法见 2.1.1 节。

图 7-5　路面取芯

7.3　压实数据分析

7.3.1　松铺系数

12 个测点不同压实阶段高度变化结果见表 7-3。

表 7-3　压实高度变化测试结果　　cm

测点	摊铺完	静压第 1 遍	静压第 2 遍	低频高幅 5 遍	高频低幅 3 遍
1	9.04	8.34	7.78	6.98	6.81
2	7.37	7.09	6.81	5.98	5.70
3	7.51	7.02	6.67	6.07	5.98
4	7.92	7.45	6.95	6.39	6.12
5	9.73	9.45	8.76	8.06	7.78
6	9.45	8.90	8.62	7.23	7.09
7	8.34	7.92	7.51	6.81	6.67
8	8.20	7.51	7.09	6.53	6.26
9	8.90	8.34	8.06	7.23	6.95
10	7.65	6.81	6.26	5.98	5.84
11	8.06	7.78	7.37	6.39	6.12
12	7.65	7.23	6.95	6.39	6.12
平均值	8.32	7.82	7.40	6.67	6.45
方差	0.621	0.651	0.601	0.386	0.377

经计算，可得如表7-4所示的不同测点的松铺系数统计结果，可得各测点松铺系数的平均值为1.29。

表7-4 不同测点松铺系数值

测点	摊铺完高度/cm	压实完高度/cm	松铺系数
1	9.04	6.81	1.33
2	7.37	5.70	1.29
3	7.51	5.98	1.26
4	7.92	6.12	1.30
5	9.73	7.78	1.25
6	9.45	7.09	1.33
7	8.34	6.67	1.25
8	8.20	6.26	1.31
9	8.90	6.95	1.28
10	7.65	5.84	1.31
11	8.06	6.12	1.32
12	7.65	6.12	1.25
平均值	8.32	6.45	1.29
方差	0.5694	1.0717	0.0718

7.3.2 压实特性数据

试验路段12个测点的毛体积密度、密实度、抗压强度、马歇尔稳定度和劈裂强度的统计结果见表7-5。可得各测点的密实度、抗压强度、马歇尔稳定度和劈裂强度的平均值分别为94.45%、2.71MPa、8.69kN、0.72MPa。由此可见，路面终压后的密实度超出了临界密实度范围[92.5%，93%]，抗压强度值和最佳强度值相比有所下降，马歇尔稳定度和劈裂强度值满足表7-6的参数设计要求。相应地，式(4-39)密实度与压实工艺参数的匹配规律模型中的吸能效率修正系数η_r和η'_r应分别修正为2.567和1.54，据工艺参数组合四的压实工艺和表3-6的压实做功情况可知，组合四的高频低幅碾压遍数应减小为2遍。

表 7-5　压实特性数据表

试验号	毛体积密度/(g·cm^{-3})	密实度/%	抗压强度/MPa	马歇尔稳定度/kN	劈裂强度/MPa
1	2.43	96.97	2.51	9.64	0.86
2	2.40	95.74	2.61	8.65	0.74
3	2.37	94.52	2.64	8.21	0.71
4	2.41	96.15	2.57	9.42	0.73
5	2.30	91.65	2.83	7.75	0.64
6	2.41	96.15	2.60	9.45	0.76
7	2.32	92.47	2.93	7.94	0.68
8	2.39	95.34	2.65	9.45	0.73
9	2.35	93.70	2.86	8.24	0.71
10	2.40	95.74	2.63	9.52	0.76
11	2.30	91.65	2.76	7.85	0.66
12	2.34	93.29	2.91	8.15	0.70
平均值	2.37	94.45	2.71	8.69	0.72
方差	0.0022	3.4345	0.0204	0.5598	0.0032

表 7-6　乳化沥青冷再生混合料设计要求

项　目	技术要求	项　目	技术要求
空隙率/%	6~12	浸水马歇尔残留稳定度(40℃)/%	≥75
稳定度(40℃)/kN	≥6.0	劈裂强度(15℃)/MPa	≥0.5

7.4　小结

(1) 本章对第 5 章优选出的工艺参数组合四进行路面压实试验，通过对压实过程参数压实高度的测定计算出常温摊铺和压实的松铺系数为 1.29，该值大于了室内压实松铺系数 1.27，说明经压路机压实的材料的吸能效率是室内旋转压实吸能效率的 1.016 倍。

(2) 组合四压实后路面的平均密实度值为 94.45%，是组合四压实仿真密实度的 1.017 倍，这与路面试验和室内试验松铺系数的比值 1.016 非常接近，表明了密实度和松铺系数均能反映压实工艺的压实效果。且该密实度值超出了室内试验得出的临界密实度范围[92.5%，93%]，相应的抗压强度值和临界密实度下的最佳强度值相比有所下降，反映了临界密实度作为路面压实施工控制参数的合理性。进一步将式(3-43)密实度与压实工艺参数的匹配模型中的吸能效率修正系数 η_r 和 η'_r 分别修正为2.567和1.54，并需通过减小组合四的高频低幅碾压遍数来减小有效压实功。

（3）路面压实试验证明了修正B-P模型的正确性和密实度与压实工艺参数匹配模型的合理性，通过分析路面试验密实度数据可对该模型进行进一步的修正，为材料精准压实工艺的制定提供了更可靠的理论依据。

参 考 文 献

[1] 尼亚孜·艾力. 浅析寒冷地区市政沥青路面早期病害的预防措施[J]. 科学时代，2013，(16).

[2] 张荣鸥. 高性能灌注式半柔性路面材料的研究与应用[D]. 武汉理工大学，2009.

[3] 乳化沥青材料在机场中的应用[S]. 修建通讯. 北京：空军后勤建设部编，1988.

[4] 郑俊秋. 乳化沥青冷再生材料性能提升研究[D]. 东南大学，2017.

[5] 余春林，付军，万尧方，等. 半柔性水泥乳化沥青混凝土面层材料的研究与应用[J]. 建材世界，2011，32（1）：26-29.

[6] 张金升，谭旭翔，于叶栓，等. 交通新材料[M]. 哈尔滨：哈尔滨工业大学出版社，2014.

[7] JTG F40—2004，公路沥青路面施工技术规范[S]. 北京：交通部公路科学研究所，2005.

[8] 北京通厦科技有限公司. 内蒙古准兴重载高速公路冷拌冷铺沥青混合料防水联结层施工技术指南 [DB/OL]. https：//wenku. baidu. com/view/f968d083b9d528ea81c7792f，2012，8.

[9] 周谦、杨彦海，等. 北方地区沥青路面再生技术及应用实例[M]. 北京：人民交通出版社股份有限公司，2015.

[10] 刘士杰，焦生杰. 稀浆封层技术及设备(上)[J]. 建设机械技术与管理，2005，（1）：53-57.

[11] 第一工程机械网. 西筑 MS9 稀浆封层机产品性能特点[DB/OL]. http：//product. d1cm. com/xrmc005 /104689/. 2018，8.

[12] 第一工程机械网. 高远圣工 HGY5311TFC 稀浆封层车产品性能特点[DB/OL]. http：//product. d1cm. com /sg003/109069/. 2018，8.

[13] FHEC-LM-17—2007. 稀浆封层施工工艺标准[S]. 北京：人民交通出版社，2007.

[14] 王浩杰. MOH 半柔性路面与传统沥青路面施工装备比较研究 [D]. 长安大学，2019.

[15] 田智仁. 水泥乳化沥青混凝土应用技术研究[D]. 长安大学，2014.

[16] Terrel R L，Wang C K. Early Curing Behavior of Cement Modified Asphalt Emulsion Mixtures [R]. Michigan，1971：108-112.

[17] James AD，Needham D，Brown S F. The Benefits of Using Ordinary Portland Cement Insolvent Free Dense Graded Bituminous Emulsion Mixtures[R]. Singapore，1995：120-129.

[18] Schmidt R J，Santucci L E，Coyne L D. Performance Characteristics of Cement-modified Asphalt Emulsion Mixes[R]. Michigan，1973：300-310.

[19] Head R w. An informal report of cold mix research using emulsified asphalt as binder[C]. Proceedings of the Association of Asphalt Paving Technologists，1974：33-36.

[20] Baomy Fouad M. Development and analysis of cement-coated aggregates for asphalt mixtures

[J]. ASTM Special Technical Publication, 1992, (1147): 19-34.

[21] Uemura T, Nakamori. Y. Stabilization process of cement asphalt emulsion in Japan[e]. First World Congress on Emulsions, 1993: 1-6.

[22] Al-Qadi I L, Gouru H, Weyers R E. As; phalt Portland cement concrete composite: laboratory evaluation[J]. Journal of Transportation Engineering, 1994, 12 (1): 94-108.

[23] Bullen F. Roads with Bitumen Emulsion Treated Bases and Sub-bases[R]. Singapore, 1995: 864-871.

[24] G. Li, Y. Zhao, S. -S. Pang, et al. Experimental Study of Cement-asphalt Emulsion Composite [J]. Cement and Concrete Research, 1998: 28 (5): 635-641.

[25] S Oruc, F Celik, MV Akpinar. Effect of Cement on Emulsified Asphalt Mixtures [J]. Journal of Materials Engineering & Performance [J], 2007, 16 (5): 578-583.

[26] Abbas Al-Hdabi, Hassan Al Nageim, Linda Seton, et al. Performance of gap graded cold asphalt containing cement treated filler[J]. Construction and Building Materials, 2014, 69: 362-369.

[27] N Pouliot, J Marchand, M Pigeon. Hydration Mechanisms, Microstructure, and Mechanical Properties of Mortars Prepared with Mixed Binder Cement Slurry-Asphalt Emulsion[J]. Journal of Materials in Civil Engineering, 2003, 15 (1): 54-59.

[28] A Garcia, P Lura, MN Partl, et al. Influence of cement content and environmental humidity on asphalt emulsion and cement composites performance[J]. Materials & Structures, 2012, 46 (8): 1275-1289.

[29] T Rutherford, Z Wang, X Shu, et al. Laboratoryinvestigation into mechanical properties of cement emulsified asphalt mortar [J]. Construction &Building Materials, 2014, 65 (13): 76-83.

[30] Ozsahin T S, Oruc S. Neural network model for resilient modulus of emulsified asphalt mixtures [J]. Construction & Building Materials, 2008, 22 (7): 1436-1445.

[31] Yang J B, Yan P Y, Kong X M, et al. Study on the hardening mechanism of cement asphalt binder[J]. Science China Technological Sciences, 2010, 53(5): 1406-1412.

[32] FU J, SHI Z M, DAI D R, et al. Microstructure Analysis for Emulsified Asphalt Cement Concrete[J]. Advanced Materials Research, 2013, 818: 20-23.

[33] Fu J, Yang Y, Zhang X, et al. Different strain distributions of cement-emulsified asphalt concrete pavement between the macro- and meso-scale[J]. Road Materials & Pavement Design, 2016: 1-14.

[34] YAN S, PENG S, YAN X, et al. Meso-damage and Micro-properties of Cement Emulsified Asphalt Concrete[J]. Journal of Building Materials, 2014, 17 (1): 77-163.

[35] Saadoon T, Garcia A, Gómez-Meijide B. Dynamics of water evaporation in cold asphalt

mixtures[J]. Materials & Design, 2017.

[36] 张思源，魏建民．水泥-乳化沥青混合料配合比设计与施工技术研究[J]. 重庆交通学院学报，2000，19（1）：72-75.

[37] 苏毅．水泥乳化沥青砼路面材料研究[D]. 大连理工大学，2003.

[38] 袁文豪，沙爱民，胡力群，等．水泥乳化沥青及其用量对水泥-乳化沥青混合料性能的影响[J]. 筑路机械与施工机械化，2005，22（1）：32-35.

[39] 王学信，沙爱民，胡力群，等. 水泥乳化沥青混凝土力学性能研究[J]. 公路交通科技，2005，22（11）：57-60.

[40] 张欢，姜磊，周帅，等．水泥-乳化沥青混凝土研究与应用[J]. 北方交通，2011（11）：8-12.

[41] Chu Hao, Zhang Jun, Lu Yan-hua, et al. Experimental Study on Pavement Performance of Emulsified Asphalt Cement Concrete[C]//Applied Mechanics and Materials. 3rd International Conference on Civil Engineering. Switzerland: Trans Tech Publications Ltd, 2013: 888-892.

[42] Du Shaowen. Interaction mechanism of cement and asphalt emulsion in asphalt emulsion mixtures [J]. Materials & Structures, 2014, 47 (7): 1149-1159.

[43] KUO M F, LU C T, DU J C, et al. Workability of Fresh Cement-asphalt Mastic[J]. Applied Mechanics & Materials, 2013, 368-370 (1): 1027-1030.

[44] 秦先涛，祝斯月，姜艺，等．水泥乳化沥青复合材料特征及其混合料性能研究[J]. 公路，2017，62（1）：191-198.

[45] 王海林，李江，陈忠达，等．乳化沥青混合料技术性能评价方法研究[J]. 公路交通科技，2004，21（6）：44-46.

[46] 李江，陈忠达，封晨辉. 水泥-乳化沥青混合料配合比设计试验方法研究[J]. 公路交通科技，2004，21（9）：31-33.

[47] 李伟杰．冷铺复合沥青混凝土研究[D]. 长安大学，2009.

[48] 王振军，杜少文，肖晶晶，等. 水泥乳化沥青混合料生能的影响因素[J]. 建筑材料学报，2011，14（4）：497-501，511.

[49] 肖晶晶．水泥乳化沥青混合料结构形成机理与特征研究[D]. 长安大学，2011.

[50] 李江．乳化沥青混凝土强度形成机理研究[J]. 石油沥青，2017，31（02）：28-32.

[51] 尚波．成型方法对MOH材料性能影响的研究[J]. 公路交通科技：应用技术版，2017，13（11）：136-137，162.

[52] Xu O, Wang Z, Wang R. Effects of aggregate gradations and binder contents on engineering properties of cement emulsified asphalt mixtures[J]. Construction & Building Materials, 2017, 135: 632-640.

[53] 朱杰尧．摊铺机熨平板多频振动测试系统研究[D]. 长安大学，2015.

[54] 韩振河．沥青路面新材料合理压实方法及机械配置研究[D]. 长安大学，2012.

[55] 柳朝印．公路沥青混凝土路面压实控制及影响因素研究[D]．河北工业大学，2007.
[56] 汪德才，郝培文，刘娜，等．乳化沥青冷再生混合料和易性指标及影响因素[J]．北京工业大学学报，2016，42（6）：919-925.
[57] 刘建勋．温拌沥青混合料施工关键技术研究[D]．长安大学，2010.
[58] 尹如军，李玉亭，张占军．沥青混合料有效压实时间的实测与分析[J]．公路，2001（2）：37-41.
[59] 李文轩．土石混填路基压实过程机械配套与压实组合研究[D]．重庆交通大学，2016.
[60] 甘红俊．合理控制松铺系数提高沥青路面施工质量[J]．交通标准化，2008（Z1）：99-102.
[61] 杨远生．沥青路面松铺系数的控制[J]．中国新技术新产品，2013（15）：26-27.
[62] 戴步卿．沥青路面松铺系数的影响因素和控制方法[J]．交通世界，2006（11）：62-63.
[63] 刘克．沥青混合料压实温度分布、历程及密度的理论研究[J]．交通科学与工程，2012，28（4）：8-15.
[64] 靳娟娟，张林洪，吴华金，等．土体强度与含水率及密实度的关系研究[J]．科学技术与工程，2008，8（22）：6148-6152.
[65] Z Wang，X Shu，T Rutherford，B Huang，et al. Effects of asphalt emulsion on properties of fresh cement emulsified asphalt mortar[J]. Construction & Building Materials，2015，75：25-30.
[66] 叶乾路．乳化沥青混合料冷态修补技术研究[D]．南京：东南大学，2004.
[67] 王火明，李胜强，徐周聪，等．乳化沥青冷再生混合料施工和易性评价方法研究[J]．公路交通技 术，2015，（6）：21-26.
[68] 张争奇，吴瑞环，季社鹏．改性沥青混合料拌和及压实温度的确定方法[J]．公路交通科技，2013，30（8）：6-11.
[69] 杜鹃．储存式冷铺沥青材料的研究[D]．长安大学，2001.
[70] Bahia H U，Friemel T P，Peterson P A，et al. Optimization of constructibility and resistance to traffic：A new design approach for HMA using the superpave coMPactor[J]. Journal of the Association of Asphalt Paving Technologists，1998，67.
[71] Dessouky S，Masad E，Bayomy F. Prediction of hot mix asphalt stability using the Superpave Gyratory CoMPactor[J]. Journal of Materials in Civil Engineering，2015，16（6）：578-587.
[72] Delrio-Prat M，Vega-Zamanillo A，Castro-Fresno D，et al. Energy consumption during coMPaction with a Gyratory Intensive CoMPactor Tester. Estimation models[J]. Construction & Building Materials，2011，25（2）：979-986.
[73] Kevern J T，Schaefer V R，Wang K. Evaluation of pervious concrete workability using Gyratory CoMPaction[J]. Journal of Materials in Civil Engineering，2009，21（12）：764-770.
[74] 张争奇，袁迎捷，王秉纲．沥青材料旋转压实密实曲线信息及其应用[J]．中国公路学

报，2005，18(3)：1-6.
[75] 高磊．乳化沥青冷再生材料的裂纹发展行为及抗裂机理研究[D]．东南大学，2016.
[76] 张涛．冷拌冷铺沥青材料的研究[D]．重庆大学，2007.
[77] 徐雷，周海生．击实特性对乳化沥青材料影响的研究[J]．上海公路，2008 (3)：52-55.
[78] 陈骁．热态沥青材料压实过程变形特性研究[D]．长沙：长沙理工大学，2006.
[79] 陈骁，应荣华，郑健龙，等．基于 MTS 压缩试验的热态沥青材料黏弹塑性模型[J]．中国公路学报，2007 (06)：25-30.
[80] 刘铁凡．施工压实阶段热拌沥青材料的黏弹塑性流变模型研究[D]．长沙：长沙理工大学，2006.
[81] 郑健龙，陈骁，钱国平．松散热态沥青材料压实力学响应及其粘弹塑性模型参数分析[J]．工程力学，2010，27 (1)：33-40.
[82] AIREY G D, RAHIMZADEH B and COLLOP A C. Viscoelastic linearity limits for mituminous materials [J]. Materials and Structures/Materiaux et Constructions, 2003, 36 (264): 643-647.
[83] TEJASWI P, FATIMA J, PADMAREKHA A, et al. Linear viscoelastic limits for determination determination of dynamic modulus of bituminous concrete mixture in AMPT[C].// Al-Qadi I. L., Murrell S.. Airfield and Highway Pavement 2013: Sustainable and Efficient Pavements-Proceedings of the 2013 Airfield and Highway Pavement Conference. Reston: ASCE Press, 2013: 1100 1111.
[84] BENDETTO D H. Modélisation du comportement des géomateriaux: application aux enrobés bitumineux et aux bitumes[J]. Doctorat ès Sciences, INP Grenoble, 1987: 252.
[85] BENDETTO D H, YAN X L. Comportement mecanique des enrobes bitumineux et modelisation de la contrainte maximale[J]. Materials and Structures, 1994, 27 (173): 539-547.
[86] DARABI M K, AL-RUB R K A, MASAD E A, et al. Cyclic Hardening-relaxation viscoplasticity model for asphalt concrete materials[J]. Journal of Engineering Mechanics, 2013, 139 (7): 832-847.
[87] ZHU H R, SUN L. A Viscoelastic-viscoplastic damage constitutive model for asphalt mixtures based on thermodynamics[J]. International Journal of Plasticity, 2013, 40: 81-100.
[88] KARIMI M M, TABATABAEEN, JAHANGRIB, et al. Constitutive modeling of hardening-relaxation response of asphalt concrete in cyclic compressive loading[J]. Construction & Building Materials, 2017, 137: 169-184.
[89] PASETTO M, BALDO N. Creep Response of Asphalt Concretes: Visco-elasto-plastic modeling [J]. International Journal of Pavement Research and Technology, 2015, 8 (2): 63-71.
[90] JAHANGIRI B, KARIMI M M, TABATABAEE N. Relaxation of hardening in asphalt concrete under cyclic compression loading[J]. Journal of Materials in Civil Engineering, 2016, 29 (5):

04016288（1-8）.

[91] LUO X，LUO R，LYTTON R L. Characterization of asphalt mixtures using controlled strain repeated direct tension test [J]. Journal of Materials in Civil Engineering，2013，25（2）：194-207.

[92] LUO X，LUO R，LYTTONR L. Energy-based crack initiation criterion for viscoelastoplastic materials with distributed cracks [J]. Journal of Engineering Mechanics，2014，141（2）：04014114（1-14）.

[93] Energy-based crack initiation criterion for viscoelastoplastic materials with distributed cracks [J]. Journal of Engineering Mechanics，2014，141（2）：04014114（1-14）.

[94] CHENG Jian-lian，QIAN Xu-dong，ZHAO Tie-shuan. Rheological viscoplastic models of asphalt concrete and rate-dependent numerical implement[J]. International Journal of Plasticity，2016，81：209-230.

[95] YANG Ping. Rutting Deformations Analysis for asphalt pavement base on the viscoelastoplastic theory[J]. Advanced Materials Research，2014，（838-841）：1227-1233.

[96] 张巍，王贵君．沥青路面黏弹塑性变形分析[J]. 黑龙江交通科技，2017（5）：1-5.

[97] 张丽娟，张肖宁，陈页开．沥青材料变形的黏弹塑性本构模型研究[J]. 武汉理工大学学报：交通科学与工程版，2011，35（2）：289-292.

[98] 张争奇，袁迎捷，王秉纲．沥青材料旋转压实密实曲线信息及其应用[J]. 中国公路学报，2005，18（3）：1-6.

[99] 李林萍，张帆．温拌沥青材料马歇尔击实和旋转压实密实曲线的比较分析[J]. 公路工程，2015，40（1）：29-32.

[100] 李汉光，高英，佘文斌．沥青材料压实特性及沥青路面碾压遍数确定[J]. 东南大学学报：自然科学版，2011，41（1）：186-189.

[101] 张红春. 沥青路面组合式碾压机理及压实效果研究[J]. 筑路机械与施工机械化，2011（10）：283-287.

[102] 马学良，孙祖望，杨东来．振荡压实滑转工况下被碾压材料吸收有效压实能量的研究[J]. 公路交通科技，2009，26（6）：49-54.

[103] 王笑风，苏青山，王振军．橡胶粉纤维沥青材料高温性能及施工和易性[J]. 武汉理工大学学报：交通科学与工程版，2006，30（5）：846-849.

[104] 彭勃，杨建永，温树杰，等．静力压实不同含水率红砂岩粗粒土能耗规律试验研究[J]. 江西理工大学学报，2015，36（5）：28-33.

[105] 柴志军，朱国洪．基于正交试验法的 SMA 沥青混合料压实性能主要影响因素研究[J]. 山东交通 学院学报，2012，20（4）：57-61.

[106] 廖建胜，李永兵．关于 SMA-13 沥青混合料的碾压温度对压实性能的影响[J]. 江西建材，2014（1）：140-140.

[107] 叶奋，王宝松，贾晓阳，等．成型温度对温拌沥青混合料水稳定性的影响[J]．建筑材料学报，2009，12（3）：302-305.
[108] 程亮，周伟，张守城．温拌沥青混合料压实性能研究[J]．现代交通技术，2009，6（6）：4-6.
[109] ZHANG C.，Wang H，You Z，et al. Correlation between workability and compaction property of rubber asphalt mixture[J]. Journal of Southeast University，2016.
[110] Zhang C，Wang H，Zhanping Y P E，et al. Compaction characteristics of asphalt mixture with different gradation type through Superpave Gyratory Compaction and X－Ray CT Scanning [J]. Construction & Building Materials，2016，129：243-255.
[111] Zhang J P，Pei J Z，Li X U，et al. Gyratory compaction characteristic of SBS warm mixed asphalt mixture[J]. Journal of Traffic & Transportation Engineering，2011.
[112] Chen Q. Analysis of Influence Rules of Material Composition on Compaction Characteristic of Asphalt Mixtures Using SGC Tests [J]. Advanced Materials Research，2011，152－153：1289-1292.
[113] 刘胜林．基于流变理论的施工精细化控制[D]．长安大学硕士论文．2013，6.
[114] 徐朝阳．温拌沥青混合料的压实特性与路用性能探析[J]．福建交通科技，2017（4）：69-72.
[115] 王志美．温拌沥青路面混合料压实特性研究[D]．重庆交通大学，2011.
[116] 艾长发．高寒地区沥青路面行为特性与设计方法研究[D]．西南交通大学，2008.
[117] 解晓光，王龙，王哲人．沥青混合料压实工艺与被压材料相互影响的研究[J]．公路，2006（1）：171-175.
[118] Hunter A E，Airey G D，Collop A C. EFFECT OF ASPHALT MIXTURE COMPACTION ON AGGREGATE ORIENTATION AND MECHANICAL PERFORMANCE[J]. 2004.
[119] Beainy F，Singh D，Commuri S，et al. Laboratory and field study on compaction quality of an asphalt pavement [J]. International Journal of Pavement Research & Technology，2014，7（5）：317-323.
[120] Plati C，Georgiou P，Loizos A. Influence of different roller compaction modes on asphalt mix performance[J]. International Journal of Pavement Engineering，2016，17（1）：64-70.
[121] Hu W，Jia X，Huang B，et al. Evaluation of compactability of asphalt mixture utilizing asphalt vibratory compactor[J]. Construction & Building Materials，2017，139：419-429.
[122] Zhang Z. Influencing Factors Research on Compaction Effect of Coarse Rubber Granule Asphalt Mixture[J]. Advanced Materials Research，2012，466-467：157-160.
[123] Li Zhigang，Hao Peiwen，Zeng Zhiwu. Research on the compaction methods of cold recycled mixture using foamed asphalt[J]. Fuhe Cailiao Xuebao，2017，34（9）：2038-2046.
[124] 延西利，吕嵩巍，常小马．沥青混合料的压实性能研究[J]．西安公路交通大学学报，

1996 (1): 1-3.

[125] Liu P, Xu H, Wang D, et al. Comparison of mechanical responses of asphalt mixtures manufactured by different compaction methods[J]. Construction & Building Materials, 2018, 162: 765-780.

[126] 李江, 封晨辉, 陈忠达. 水泥-乳化沥青混合料的研究[J]. 石油沥青, 2005 (06): 12-16.

[127] 杜少文, 王振军. 水泥改性乳化沥青混凝土力学性能与微观机理[J]. 同济大学学报: 自然科学版, 2009, 37 (8): 1040-1043.

[128] Oruc S, Celik F, Akpinar M V. Effect of Cement on Emulsified Asphalt Mixtures[J]. Journal of Materials Engineering & Performance, 2007, 16 (5): 578-583.

[129] Wang Z, Wang Q, Ai T. Comparative study on effects of binders and curing ages on properties of cement emulsified asphalt mixture using gray correlation entropy analysis[J]. Construction & Building Materials, 2014, 54: 615-622.

[130] Al-Hdabi A, Nageim H A, Seton L. Performance of gap graded cold asphalt containing cement treated filler[J]. Construction & Building Materials, 2014, 69 (11): 362-369.

[131] 陈文. 高性能乳化沥青冷再生混合料开发研究[D]. 重庆交通大学, 2016.

[132] Arimilli S, Jain P K, Nagabhushana M N. Optimization of Recycled Asphalt Pavement in Cold Emulsified Mixtures by Mechanistic Characterization[J]. Journal of Materials in Civil Engineering, 2016, 28 (2): 04015132.

[133] 王舜. 水泥乳化沥青冷再生混合料性能评价[J]. 公路工程, 2012, 37 (1): 171-174.

[134] 谭忆秋, 董泽蛟, 曹丽萍, 等. 应用Superpave体积设计法设计冷再生沥青混合料[J]. 公路交通科技, 2005 (03): 31-34.

[135] Thomas T. Performance-related tests and specifications for cold in-place recycling: lab and field experience[J]. 2003.

[136] 梁春雨, 陈志国, 徐金声, 等. SAC25沥青混合料的压实方法和压实特性研究[J]. 中外公路, 2007 (04): 235-238.

[137] 胡力群, 沙爱民. 振碾式乳化沥青-水泥混凝土的路用性能[J]. 长安大学学报: 自然科学版, 2007, 27 (2): 12-15.

[138] 李迪. 沥青路面振动压实过程的仿真分析[D]. 重庆交通大学, 2016.

[139] 阚志涛. 振动压路机的压实施工参数与压实工艺研究[D]. 长安大学, 2011.

[140] 李冰, 焦生杰. 振动压路机与振动压实技术[M]. 北京: 人民交通出版社, 2001, 237-243.

[141] American Association of State Highway and Transportation Officials, Federal Aviation Administration, Federal Highway Administration, et al. Hot-mix asphalt paving handbook[M]. Washington DC, USA: Transportation Research Board, 2000.

[142] Imran S A, Commuri S, Barman M, et al. Modeling the dynamics of asphalt - roller interaction during compaction[J]. Journal of Construction Engineering and Management, 2017, 143 (7): 04017015.

[143] Plati C, Georgiou P, Loizos A. Influence of different roller compaction modes on asphalt mix performance [J]. International journal of pavement engineering, 2016, 17 (1): 64-70.

[144] Chen J, Huang B, Shu X. Air-void distribution analysis of asphalt mixture using discrete element method[J]. Journal of materials in civil engineering, 2012, 25 (10): 1375-1385.

[145] Zhao Xi. Parameters Selection of asphalt pavement coMPaction based on virtual experiment Applied Mechanics and Materials, 2013, 361-363: 1584-1589.

[146] 柳朝印．公路沥青混凝土路面压实控制及影响因素研究[D]．天津：河北工业大学，2007.

[147] 高源．沥青路面压实过程控制研究[D]．重庆：重庆交通大学，2013.

[148] 陈小龙．基于材料压实特性的沥青路面压实工艺研究[D]．西安：长安大学，2011.

[149] 胡涛．沥青材料压实特性分析[D]．西安：长安大学，2012.

[150] 尚云龙．沥青混凝土压实工艺的研究[D]．哈尔滨：东北林业大学，2003.

[151] 徐永杰，王秀明．压路机压实作业参数的合理选择[J]．工程机械与维修，2003 (11): 96-97.

[152] 顾洪江，李春满，潘勐．沥青路面压实质量影响因素的全面分析[J]．辽宁交通科技，2005 (10): 9-12.

[153] 李闯民，高占华，汪志勇．公路表面层 AC-13C 和 AC-13F 沥青材料压实厚度试验研究[J]．公路，2009 (7): 21-25.

[154] 郭飞．冷拌冷铺沥青材料在荣昌县农村公路的应用研究[D]．重庆交通大学，2013.

[155] 崔志波．水泥乳化沥青混凝土材料应用研究[J]．交通运输研究，2010 (9): 170-174.

[156] 交通部阳离子乳化沥青课题协作组．阳离子乳化沥青路面[M]．北京：人民交通出版社，1988.

[157] 付耀．水泥乳化沥青混合料的压实特性研究[D]．长安大学，2019.

[158] 符美鑫．不同成型工艺对水泥乳化沥青性能影响研究[J]．交通科技，2018 (04): 159-162.

[159] 师航祺，许鹰，柴林林，等．沥青混合料传统压实方法与新方法的比较评价[J]．市政技术，2017，35 (01): 184-188.

[160] 张翠红，曹学鹏，焦生杰，等．基于 Bodner-Partom 模型的水泥乳化沥青混合料黏弹塑压实特性[J]．中国公路学报，2019，32(07): 41-48.

[161] 徐世林．材料拌和摊铺一体机搅拌器参数设计及仿真研究[D]．长安大学，2018.

[162] 胡鑑安，秦毅．旋转式黏度计工作原理及其主要部件设计[J]．同济大学学报：自然科学版，1994(3): 390-394.

[163] 郭震宇．浦卫公路就地冷再生系统设计方法研究[J]．上海公路，2013（3）：47-50.

[164] 张金升，谭旭翔，于叶栓，等．交通新材料．哈尔滨：哈尔滨工业大学出版，2014.

[165] Xuepeng Cao，Cuihong Zhang，Shuaihua Tuo，et al. Influences on Compaction of Cold Mix Cement Emulsified Asphalt Using the Superpave Gyratory Compaction [J]. Journal of Materials in Civil Engineering. 2021，33(6)：04021107

[166] 张起森，王辉，胡旭东．热拌沥青材料铺面手册[M]．北京：人民交通出版社，2008.

[167] 戴步卿．沥青路面松铺系数的影响因素和控制方法[J]．交通世界，2006（11）：62-63.

[168] 郝培文、刘红瑛、徐金枝，等．半柔性路面材料设计与施工技术[M]．上海：同济大学出版社，2021.

[169] 周筑宝．最小耗能原理及其应用[M]．北京：科学出版社，2001.

[170] 郑健龙，陈 骁，钱国平．松散热态沥青混合料压实力学响应及其黏弹塑性模型参数分析[J]．工程力学，2010，27(1)：33-40.

[171] 冯建亮，赵真，冯忠绪．振动压路机碾压速度的选择[J]．建筑机械，2012（05）：76-78.

[172] 谢巧．云南高海拔地区沥青路面结构非线性分析[D]．重庆交通大学，2010.

[173] 叶永．沥青材料黏弹塑性本构模型的实验研究[D]．华中科技大学，2009.

[174] Shadi，A. S. Characterization of asphalt concrete using anisotropic damage viscoelastic visco-plastic model[D]. Texas A&M University，2005：15-31.

[175] Bodner S R. Constitutive equations for dynamic material behavior in mechanical behavior of materials under dynamic loads[M]. Spninger-Velag，1968：176-190.

[176] Bodner S R，Partom Y. A large deformation elastic-viscoplastic analysis of thick-walled sphenical shell[J]. ASME J Appl Mech，1972，39：751-757.

[177] Bodner S R，Pantom Y. Constitutive equations for elastic-viscoplastic strain-handing materials [J]. ASME J Appl Mech，1975，42：385-389.

[178] Bodner S R，Menzen A. Viscoplasti constitutive equations for copper with strain rate history and emperature effects[J]. ASME J Eng Mat Tech. 1978，100：388-394.

[179] 石多奇，杨晓光，王延荣，等．Udimet720Li 材料 B-P 型黏塑性本构建[J]．北京航空航天大学学报，2003（07）：627-630.

[180] 宋迎东，高德平．采用 Bodner-Partom 本构模型的黏塑性有限元应力分析方法研究[J]．机械科学与技术，2004（10）：1208-1211.

[181] 胡绪腾，宋迎东．Bodner-Partom 本构模型材料参数估计新方法[J]．机械科学与技术，2009，28（02）：196-199.

[182] CHABAUD B M，BROCK J S，WILLIAMS，T O. A Bodner-Partom visco-plastic dynamic sphere benchmark problem[C]//Bauer S.，Lackner R.，Computational Plasticity XII：fundamentals and applications - Proceedings of the 12th International Conference on Computational

Plasticity - Fundamentals and Applications. Barcelona: International Center forNumerical Methods in Engineering, 2013: 671-682.

[183] Z ERDZICK K, KLOSOWSKI P, WOZNICA K. Application of the Bodner-Partom constitutive equations for modelling the technical fabric valmex used for the hanging roof of the forest opera in sopot[J]. Gdańsk: Taylor & Francis-Balkema, 2014: 579-582.

[184] KLOSOWSKI P, Z ERDZICK K, WOZNICA K. Identification of Bodner-Partom model parameters for technical fabrics[J]. Computers and Structures, 2017: 114-121.

[185] KLOSOWSKI P, MLECZEK A. Identification of Bodner-Partom viscoplastic model parameters for some aluminum alloys at elevated temperature[J]. Journal of Materials in Civil Engineering, 2017, 29: 7.

[186] CHAN K S, et al. Constitutive modeling for isotropic materials [R]. NASA - CR - 179522, 1986.

[187] 王选仓，乔志，尹燕，等. 半刚性路面材料大压实功压实规律研究[J]. 中国公路学报，2016，29 (06): 280-286.

[188] 江睿南. 浙江地区半柔性水泥乳化沥青材料加铺层路面结构研究[D]. 长安大学，2012.

[189] 胡萌，张久鹏，黄晓明. 半刚性基层沥青路面车辙特性分析[J]. 公路交通科技，2011，28 (06): 14-18+46.

[190] 王焕定. 有限单元法及计算程序[M]. 北京：中国建筑工业出版社，2004.

[191] 王戈，王贵慎，张世英. 压实机械[M]. 北京：中国建筑工业出版社，1992.